大型高铁站房结构设计关键技术

周德良 著

中国建筑工业出版社

图书在版编目（CIP）数据

大型高铁站房结构设计关键技术/周德良著. —北京：中国建筑工业出版社，2021.6
ISBN 978-7-112-26206-9

Ⅰ.①大… Ⅱ.①周… Ⅲ.①高速铁路-站房-结构设计 Ⅳ.①U291.1

中国版本图书馆 CIP 数据核字（2021）第 105973 号

作者从 2004 年至今一直从事高铁站房的设计、研究，主持完成了杭州东站、郑州东站、太原南站、长沙南站、呼和浩特东站及菏泽东站等特大型（枢纽）和大型高铁站房的结构设计，并审查了 10 余座国内其他特大型高铁站房的结构设计。本书对大型高铁站房结构设计中关键技术进行了较为全面的总结，结合工程实际，对大跨度重型钢结构楼盖、大跨度复杂形态的钢结构屋面、桥建合一承轨层结构等大型站房的结构选型和设计难点进行了论述，提出相应的设计方法和理念；通过对大跨度钢结构楼盖舒适度、新型减振技术、复杂空间多维钢结构相贯节点的承载力和结构健康监测等开展专项研究，提炼了研究主要成果。本书可供建筑结构设计工程师及大专院校土木工程专业师生参考。

责任编辑：刘瑞霞
责任校对：张惠雯

大型高铁站房结构设计关键技术
周德良　著

*

中国建筑工业出版社出版、发行（北京海淀三里河路 9 号）
各地新华书店、建筑书店经销
霸州市顺浩图文科技发展有限公司制版
天津图文方嘉印刷有限公司印刷

*

开本：787 毫米×1092 毫米　1/16　印张：7½　字数：178 千字
2021 年 6 月第一版　　2021 年 6 月第一次印刷
定价：**95.00 元**
ISBN 978-7-112-26206-9
（37749）

版权所有　翻印必究
如有印装质量问题，可寄本社图书出版中心退换
（邮政编码 100037）

前　言

中国的高铁事业从2000年开始至今一直处于蓬勃发展阶段，目前中国高铁无论是里程数还是建造技术和管理水平均处于世界领先地位，高铁已成为中国的一张靓丽名片。近20年来，高铁站房设计技术也日新月异，已积累了丰富的经验，需要总结和提高，为今后大型高铁乃至机场、体育场馆等大型公共建筑的设计提供借鉴。

大型高铁站房具有以下特点：(1) 平面尺寸大，最大平面尺寸超过500m；(2) 楼盖及屋盖柱距大，楼盖最大柱距超过60m，大部分超过30m；屋盖最大跨度超过100m，一般也超过60m，大跨度楼盖和屋盖给结构设计带来较大的挑战；(3) 建筑形态复杂，大型高铁站房建筑面积大，一般位于省会城市，建筑设计必须体现省会大城市的文化和历史，是省会城市乃至全省的一张名片，往往也是城市中新城的中心；(4) 建筑功能复杂，为满足城市交通无缝衔接，一般将高铁车站建筑与国铁、地铁合建；对结构设计而言，高铁站房建筑除大跨度、复杂建筑结构外，结构荷载种类繁多，既有一般的建筑活载，也有铁路桥梁荷载（包括动力荷载）；车站结构设计要满足建筑结构、铁路行业等相关标准的规定，设计方法和设计规定差异较大；(5) 高铁站房作为一种日常处于高度运营中的铁路公共建筑，建筑及结构设计中还需考虑站房运营维护的安全性和便利性，确保作为国民经济大动脉的高铁安全是设计的重中之重。

根据上述特点，大型高铁站房结构设计中需要对大跨度楼盖、屋盖结构的形式作出不断的研究和创新，特别是对大型高铁站房结构设计的关键技术展开研究，以达到"安全、经济、适用、绿色、美观、耐久"目标。关键技术包括（但不限于）大跨度楼盖和屋盖结构选型、大跨度楼盖舒适度和减振技术、"桥建合一"承轨层结构选型和性能、复杂钢结构受力性能和复杂钢结构节点承载力的研究和试验，以及结构健康监测技术等。

作者从2004年起至今，有幸一直从事高铁站房的结构设计、研究工作，先后主持完成多项特大型、大型站房的结构设计，其中包括：杭州东站（32万m^2）、郑州东站（40万m^2）、长沙南站（30万m^2）、太原南站（20万m^2）、呼和浩特东站（10万m^2）和菏泽东站（15万m^2），除菏泽东站正在建设中外，其余站房均先后投入使用，最早的长沙南站（武广场）于2009年12月投入运营，其余的站房也在2014年之前投入使用。作者也参与了10余项其他大型高铁站房的结构设计审核以及相关规范的审查工作。

与此同时，作者及其团队与浙江大学、武汉理工大学、同济大学、中南大学、南京理工大学和东南大学的院士、教授领衔的团队开展科研合作，针对大型高铁站房结构设计中的多项关键技术难题进行科研攻关，均取得了良好的效果。科研来自于项目，将科研成果应用于项目，取得了良好的经济效益和社会效益。

作者试图将近20年的高铁结构设计经验与10多年的科研成果相结合，将部分成果呈现在本书中，以期为结构工程师提供设计借鉴，为站房建筑乃至机场和大型体育场馆的结构设计积累经验；为"结构即建筑"设计理念作出探索；为大专院校土木工程专业学生了解大跨建筑结构设计提供参考。

　　书中的工程设计案例均由作者的结构团队独立完成。关于科研成果，大跨度楼盖舒适度研究及TMD减振由武汉理工大学谢伟平教授、中南大学周朝阳教授、东南大学李爱群教授等的团队与作者团队共同完成；杭州东站屋盖结构试验、复杂钢结构节点试验研究以及健康监测由浙江大学董石麟院士、赵阳教授、罗尧治教授领衔的团队在作者团队的配合下完成；同济大学陈以一教授、赵宪忠教授的团队与作者团队合作开展郑州东站复杂钢结构节点试验研究；南京理工大学丁勇教授的团队与作者团队合作开展郑州东站结构健康监测的研究工作。在此，向上述院士、教授及其团队表示衷心的感谢！同时也要感谢作者团队中的结构设计人员；感谢上述站房施工总包单位中铁建工、浙江省建工、中铁建设和中建五局的各位领导和专家，特别是中铁建工王世明、黄延英、王福全和浙江省建工金睿、陈文虎、沈西华等领导；本书中采用了多位摄影师拍摄的项目工程照片，在此向这些摄影师表示感谢；感谢中南建筑设计院股份有限公司李霆董事长、李春舫总建筑师和唐文胜副总建筑师。

　　本书的顺利出版也得到了中南建筑设计院股份有限公司和中国建筑工业出版社各位领导、专家的大力支持，在此表示感谢！

　　最后，感谢我的太太张佩芳女士几十年来对我工作的大力支持，使我能全力投入到工程设计和研究中。

　　由于作者水平有限，编著时间零散、仓促，不妥、疏漏之处在所难免，希望广大读者批评指正。

周德良
2021年4月于武汉

目　　录

第1章　大型铁路站房特点 ··· 1
 1.1　概述 ··· 1
 1.2　大型站房结构设计关键技术 ·· 6
  1.2.1　站房结构设计的特点 ·· 6
  1.2.2　站房结构设计的关键技术 ·· 6

第2章　大跨度高架候车层和商业夹层楼盖结构 ·· 8
 2.1　高架层楼盖结构特点 ·· 8
 2.2　商业夹层的楼盖结构特点 ·· 8
 2.3　楼盖结构选型 ·· 8
  2.3.1　楼盖结构选型应考虑的因素 ·· 8
  2.3.2　高架层楼盖的结构选型总体原则 ·· 9
  2.3.3　商业夹层楼盖的结构选型总体原则 ··· 10
  2.3.4　大跨度高架层钢桁架楼盖布置和经济技术指标 ································· 10
  2.3.5　影响高架层钢结构楼盖用钢量的因素 ··· 11
  2.3.6　商业夹层结构布置 ··· 17
 2.4　关于钢楼盖各构件的节点用钢量 ··· 18
 2.5　结论 ··· 19

第3章　大跨度钢结构楼盖竖向舒适度 ··· 20
 3.1　高铁站房楼盖竖向振动舒适度 ··· 20
 3.2　楼盖竖向振动舒适度的评价标准 ··· 20
  3.2.1　主要评价标准 ··· 20
  3.2.2　铁路站房大跨度钢结构楼盖结构竖向舒适度评价标准 ··························· 24
 3.3　人行荷载作用下楼盖竖向舒适度分析方法 ··· 26
  3.3.1　大跨度钢结构楼盖结构动力学方程的参数选取 ································· 26
  3.3.2　人群荷载模型 ··· 27
 3.4　大跨度钢结构楼盖舒适度分析及现场检测 ··· 29
  3.4.1　长沙南站火车站高架层候车厅49m跨钢桁架楼盖 ······························· 29
  3.4.2　郑州东站高架候车厅跨度为44.5m楼盖结构竖向舒适度分析 ······················ 32
 3.5　"桥建合一"高铁车站大跨度钢结构楼盖舒适度研究 ·································· 37

第4章　大跨度钢结构楼盖减振技术 ··· 38
 4.1　高架大跨度钢结构候车厅楼盖TMD减振设计与研究 ·································· 38
  4.1.1　TMD减振原理 ··· 38
  4.1.2　大跨度钢结构楼盖TMD减振机理 ··· 39

4.1.3　大跨度钢结构楼盖TMD减振设计方法 ·················· 39
　　4.1.4　长沙南站49m跨高架层楼盖TMD减振设计 ·············· 39
4.2　跨层楼盖减振技术 ······································· 45
　　4.2.1　杭州东站大跨度实腹钢梁楼盖结构 ······················ 45
　　4.2.2　郑州东站78m跨商业夹层楼盖跨层减振技术 ·············· 46

第5章　大跨度复杂钢屋盖结构设计 ······························ 50
5.1　杭州东站新型屋盖结构 ···································· 50
　　5.1.1　主站房工程概况 ····································· 50
　　5.1.2　主站房屋盖新型结构选型及其受力特点 ··················· 51
　　5.1.3　屋盖柱 ·· 52
　　5.1.4　屋盖结构 ·· 53
　　5.1.5　屋盖结构理论分析 ··································· 55
　　5.1.6　屋盖整体结构试验 ··································· 58
　　5.1.7　复杂节点试验 ······································ 60
5.2　太原南站"伞"状屋盖结构 ································· 61
　　5.2.1　主站房概况 ·· 61
　　5.2.2　屋盖结构 ·· 63

第6章　复杂钢结构节点试验 ···································· 71
6.1　复杂节点试验的目的 ······································ 71
6.2　郑州东站屋盖钢管桁架复杂相贯节点试验及研究 ················ 71
　　6.2.1　节点形式 ·· 71
　　6.2.2　节点试验 ·· 72
　　6.2.3　节点有限元分析 ···································· 73
6.3　空间KK型相贯节点承载力研究 ····························· 75
　　6.3.1　空间KK型节点概述 ································· 75
　　6.3.2　空间KK型圆钢管节点承载力的试验与有限元分析 ·········· 75

第7章　"桥建合一"承轨层结构设计 ····························· 77
7.1　"桥建合一"承轨层结构概述 ······························· 77
　　7.1.1　"桥建合一"承轨层结构的主要特点 ······················ 77
　　7.1.2　"桥建合一"承轨层结构的选型 ························· 77
7.2　铁路桥梁结构设计概述 ···································· 78
　　7.2.1　基本规定及标准 ···································· 78
　　7.2.2　钢筋混凝土桥梁结构设计 ····························· 78
　　7.2.3　预应力混凝土桥梁结构设计 ··························· 79
7.3　郑州东站轨道层桥梁结构设计 ······························ 80
　　7.3.1　郑州东站概述 ······································ 80
　　7.3.2　"桥建合一"承轨层（桥梁）结构设计 ··················· 81
　　7.3.3　承轨层设计中的关键技术 ····························· 86
　　7.3.4　郑州东站承轨层桥梁结构荷载及组合 ··················· 88

7.3.5 承轨层位移计算结果	89
7.3.6 结构抗震设计	89
7.3.7 承轨层楼盖竖向舒适度	91
7.3.8 经济技术指标	91

第8章 结构健康监测 | 92
  8.1 健康监测内容的目标 | 92
  8.2 郑州东站承轨层健康监测 | 92
    8.2.1 监测内容 | 92
    8.2.2 监测部位及检测方式 | 92
    8.2.3 截面应变曲线 | 95
    8.2.4 单轨道列车荷载作用下的截面受力状态 | 98
    8.2.5 双轨道列车荷载作用下的截面受力状态 | 98
    8.2.6 单模列车荷载对主次梁对应截面应力的影响 | 98
    8.2.7 双模列车荷载对主次梁对应截面应力的影响 | 98
    8.2.8 相邻轨道的影响 | 99
    8.2.9 有限元分析结果 | 99
    8.2.10 温度作用监测 | 99
    8.2.11 承轨层楼盖梁应变监测结论 | 99
  8.3 杭州东站健康监测 | 100
    8.3.1 健康监测的内容 | 100
    8.3.2 应力应变（含温度）测点布置 | 101
    8.3.3 位移测点布置 | 103
    8.3.4 结构振动加速度测点布置 | 104
    8.3.5 屋面风荷载测点布置 | 106
    8.3.6 健康监测部分结果 | 108
    8.3.7 杭州东站结构健康监测结论 | 109

参考文献 | 110

第1章

大型铁路站房特点

1.1 概述

在铁路站房中,大型站房一般为高架站房,该类型站房在使用功能上有如下特点:

1. 采用"上进下出"的旅客流线模式,从上至下依次为候车厅层(包括商业夹层)、承轨层及出站层。

2. 承轨层到发线轨间立柱支承上部站房结构,在正线通过处不立柱(个别站除外)。由于垂直于轨道方向到发线站台轨间柱距模数一般为21.5m,正线处柱距为12m,因而高架候车厅层结构在垂直于轨道方向的最大柱距不小于43m;高架候车厅层楼盖结构高度范围内需设置夹层,用于布置站房大量设备,楼盖荷载较大。

3. 高架层柱与承轨层柱直接相连,以减少最下部出站层柱数量,改善出站层使用功能(提高使用面积、提高净空尺寸和通透性),也就是通常所说的"桥建合一"承轨层结构,"在房子里走火车"的结构。

4. 屋盖柱数量减少,屋盖跨度加大,屋盖跨度大于60m较多,局部区域大于100m;屋盖结构形态复杂多样。

5. 屋盖和楼盖平面尺寸较大,枢纽站房的高架层及屋盖在垂直于轨道方向的尺寸一般大于500m。

6. 高架层上幕墙结构高度一般大于20m。

7. 作为交通综合体,大型站房除了设有国铁正线外,一般在出站层下部设有地铁,与城市交通无缝衔接。一般而言,站房结构、地铁、国铁正线结构完全分开,但也有高铁站房与地铁结构共柱合建,形成整体结构。

2016年以前由作者主持完成设计的四个特大型(枢纽)站房结构概况如表1.1和表1.2所示,建成后的照片如图1.1~图1.13所示。

站房概况 表1.1

站名	站房建筑面积(万 m^2)	站房形式	高架层平面尺寸(m)	屋盖平面尺寸(m)	承轨层结构
长沙南站	30	"桥建合一"高架站房	177×231	177×286	桥墩+预应力钢筋混凝土连续箱梁桥

续表

站名	站房建筑面积(万 m²)	站房形式	高架层平面尺寸(m)	屋盖平面尺寸(m)	承轨层结构
杭州东站	32	"桥建合一"枢纽站房	144×463	285×516	钢管混凝土柱＋双向钢骨梁框架
郑州东站	40	"桥建合一"枢纽站房	156×476	272×510	钢骨柱＋双向预应力混凝土箱形框架
太原南站	20	高架站房	112×281	373×226	混凝土地下通道

高架层及屋盖结构 表 1.2

站名	高架层主要柱距(m)	高架层结构	屋盖主要柱距(m)	屋盖结构
长沙南站	32～49×21.5～27.75	钢管混凝土柱＋钢桁架(2.45m)	32～113×21.5～102.75	钢网架＋两级分叉钢管柱
杭州东站	21.7～24.8×21.5～46.55	钢管混凝土柱＋钢桁架(2.8m)	35～84～111×25.55～43～68.55	斜倒锥形椭圆钢管柱和斜钢管格构柱＋变截面钢管空间桁架＋单层网壳组合钢框架
郑州东站	20～30×21.5～44.5	钢管混凝土柱＋钢桁架(2.9m)	40～78×43～56	双向正交钢管桁架＋分叉钢柱（直柱）
太原南站	36×20.85～31.7	钢管混凝土柱＋钢桁架(3m)	36×42.8	X形双向悬挑桁架单元

注：高架层结构栏括号内数值为钢桁架上下弦之间的中心距。

图 1.1 长沙南站鸟瞰（武广场）

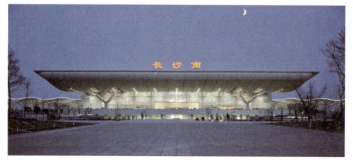

图 1.2 长沙南站（武广）西侧夜景

第 1 章　大型铁路站房特点

图 1.3　长沙南站高架候车厅

图 1.4　长沙南站地下一层出站厅局部

图 1.5　杭州东站全景

图 1.6　杭州东站高架候车厅层

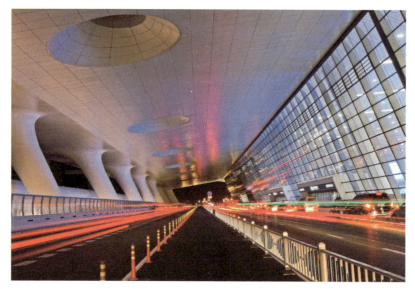

图 1.7 杭州东站高架车道及落客平台

图 1.8 郑州东站正立面

图 1.9 郑州东站鸟瞰

图 1.10　郑州东站西面夜景

图 1.11　郑州东站候车厅

图 1.12　太原南站立面　　　　图 1.13　太原南站候车厅

1.2 大型站房结构设计关键技术

1.2.1 站房结构设计的特点

根据大型站房上述建筑特点,其结构设计的特点总结如下:

1. 重型楼盖最大跨度均为30~50m,轻型屋盖最大跨度60~120m且建筑形态复杂,根据楼、屋盖柱距,楼盖及屋盖基本采用钢结构。

2. 楼盖及屋盖平面尺寸大,最大超过500m。

3. "桥建合一"站房承轨层结构需考虑列车动力荷载、结构构件疲劳强度以及列车振动对站房结构的影响,同时作为建筑结构的底层结构,需满足建筑结构的相关规定。

4. 站房结构一般采用框架结构。

1.2.2 站房结构设计的关键技术

1. 结构设计、研究的基本思路、技术路线和目标

结构设计应注重创新,创新的根本目的是获得良好的经济效益和社会效益。结构设计一方面要满足规范要求,同时创新不可避免地存在突破规范的问题,需要开展相关的科研工作。为确保工程安全,结构创新设计应遵循理论分析与结构试验、结构监测相结合的技术路线。

2. 站房屋盖结构

1) 应考虑结构合理受力、建筑形态、建筑采光、施工组织、建筑运维等因素,大跨屋盖结构一般采用空间网格结构,为一种或几种类型空间网格组合的结构。充分利用各种空间结构的受力特性,发挥其材料特长,使结构合理受力,传力路径直接,是确保屋盖结构"安全、经济、适用和美观"的基本要求。

2) 屋盖结构选型应充分利用建筑形态,将结构合理受力与建筑形态巧妙结合,达到"结构即建筑"的设计目标。

3) 屋盖荷载作用效应:对大平面屋盖结构而言,除恒载外,应特别关注温度作用和风荷载。降低温度作用主要是降低结构的边界约束或减小屋盖平面尺寸;而屋盖体形、刚度对风荷载影响较大。

4) 复杂空间钢结构在各种荷载工况、不同初始缺陷下的弹塑性全过程分析是非常重要的,对于新型结构形式,必要时需进行结构试验确定其承载力,确保结构安全、可靠。

5) 复杂钢结构节点需在有限元理论分析的基础上,进行必要的足尺(或缩尺)复杂节点试验。

3. 重型高架层(含商业夹层)楼盖结构

1) 柱距大于30m的高架层楼盖,一般采用钢桁架楼盖,由于受建筑层高和下部列车限界的限制,再加上荷载较大,楼盖结构高度受限,楼盖竖向刚度较弱,需充分考虑人行荷载和列车振动荷载作用下楼盖舒适度,采取必要的减振措施。

2) 与屋盖一样,大平面必然导致温度作用效应较大,如何降低温度作用对结构安全和经济性极为重要。

4. 承轨层结构

"桥建合一"承轨层结构作为将铁路桥梁和建筑结构合二为一的结构形式，其受力不同于普通的铁路桥梁结构和建筑结构：

1）普通铁路桥梁结构一般为平面结构，不需考虑垂轨向的空间作用，而承轨层结构则为双向框架结构，需考虑垂轨向荷载的相互作用。

2）建筑结构一般不需要考虑活载的动力效应，而承轨层结构则需考虑列车的动力作用和疲劳强度。

3）建筑结构和承轨层桥梁结构荷载工况差异较大，主体结构设计基准期分别为50年及100年，设计方法分别为极限状态法和允许应力法，结构安全度不同。承轨层结构既要满足桥梁结构的要求，又要满足建筑结构的要求。

5. 结构健康监测

大型高铁站房结构受力复杂，人员聚集度高，铁路运营安全责任重大，需在运营阶段进行结构关键部位的健康监测。

第 2 章

大跨度高架候车层和商业夹层楼盖结构

2.1 高架层楼盖结构特点

1. 柱网尺寸
1) 垂直于轨道方向：到发线区域柱距一般为20多米；而正线区域最大柱距一般不小于43m。
2) 顺轨向：一般≥20m。在地铁区域柱距一般为30～50m，个别站如广州南站为64m。
2. 平面尺寸大，大型站房的垂直于轨道方向最大平面尺寸接近500m，顺轨向一般超过200m。
3. 楼盖结构高度受到建筑层高和承轨层使用净空的限制，一般楼盖结构高度不大于3.0m。
4. 楼盖结构高度范围内需布置设备和管道。在结构设计中除考虑该部分设备和管道荷载外，楼盖结构的选型应满足设备和管道布置及其维修的需要。
5. 对于跨度大于40m的大跨度楼盖，其竖向刚度相对较弱，需进行人行荷载作用和列车荷载作用下的楼盖竖向振动分析，以确定楼盖竖向舒适度是否满足要求。

2.2 商业夹层的楼盖结构特点

1. 与高架候车厅层相比，商业夹层平面尺寸相对较小。
2. 楼盖结构高度较小。
3. 一般楼盖的柱网尺寸在20～30m之间，有些站房的最大柱距超过40m，如杭州东站（46.55m）和郑州东站（78m）。
4. 结构高度范围内布置有设备管道，特别是空调风管，风管为高架候车厅送风，应考虑管道在结构高度内穿越的问题。

2.3 楼盖结构选型

2.3.1 楼盖结构选型应考虑的因素

1. 楼盖结构选型主要决定因素
1) 柱网尺寸；2) 结构高度；3) 楼盖经济技术指标；4) 抗震设防；5) 楼盖竖向刚

度；6）设备布置。

在不同的工程中，以上因素分别起不同的作用。

2. 楼盖结构形式

对于大跨度楼盖结构，其选用的结构形式一般有以下三种：
1）预应力混凝土结构；2）钢桁架结构；3）实腹钢梁结构。

上述结构的适用性如表 2.1 所示。

楼盖结构的适用性 表 2.1

结构类型	适用跨度(m)	结构高度	设备和管道布置	抗震性能	竖向刚度	施工便利性
预应力混凝土梁	宜≤25m 应≤30m	较小	差	较差	大	差
实腹钢梁	宜≤25m	小	较差	好	较大	好
钢桁架	宜>25m	较大	好	较好	小	较好

2.3.2 高架层楼盖的结构选型总体原则

1. 在进行楼盖结构选型时，应根据楼盖柱网尺寸、结构高度、楼盖经济技术指标、抗震性能设备布置要求和施工进度等因素综合确定楼盖所采用的类型，即采用钢结构还是预应力钢筋混凝土结构。其中决定性的因素应为柱网尺寸、楼盖经济技术指标和施工进度要求。

2. 在垂直于轨道方向，到发线区域的柱距一般为 20 多米，典型柱距为 21.5m，而在正线区域，由于无法设置高架层的柱，柱距一般为 40 多米，典型柱距为 43m。根据正线位置的不同，两种柱网交替布置。这种柱距的楼盖宜全部采用钢桁架布置，不宜在小跨区域采用预应力钢筋混凝土结构、大跨区域采用钢桁架结构的楼盖布置方式。主要原因如下：

1) 预应力混凝土结构与钢结构交界处梁柱节点连接构造和节点传力均较复杂，受力不直接，施工困难。

2) 节点抗震性能较差。

3) 钢桁架结构比预应力混凝土结构具有更好的抗震性能。

4) 部分楼盖采用混凝土结构，其余楼盖采用钢桁架结构，在楼盖结构高度范围内布置设备和检修马道较困难；若全楼盖采用钢桁架结构，在楼盖结构高度范围内布置设备及管道更方便。

5) 难以充分发挥钢结构楼盖施工的快捷性。

3. 若整个楼盖两个方向的柱距均小于 25m，则从经济上考虑，宜优先选用预应力钢筋混凝土结构或钢筋混凝土结构。

4. 若采用钢结构楼盖，根据高架层设备布置特点、楼盖经济性和抗震性能等因素，高架层宜优先采用"钢管混凝土柱+钢框架桁架+钢次桁架+钢次梁+混凝土楼板（压型钢板或钢筋桁架楼承板）"结构体系，采用压型钢板或钢筋桁架楼承板可以加快施工进度和减少模板用量。通过多个大型站房的设计及统计分析，采用上述结构形式在钢结构楼盖体系中是比较经济合理的。

2.3.3　商业夹层楼盖的结构选型总体原则

与高架层楼盖类似，商业夹层楼盖的结构选型主要由柱距、楼盖经济技术指标、结构高度和施工进度等要求确定。

1. 若柱距为 20m 左右、建筑对结构高度和外观限制较少同时楼盖面积较小（即施工进度对整个结构的施工进度影响较小），则楼盖可优先选用钢筋混凝土柱（钢管混凝土柱或钢骨混凝土柱）＋（预应力）钢筋混凝土结构。

2. 当柱距大于 25m 但小于 30m，由于层高等对结构高度的限制，宜优先选用钢结构楼盖。在钢结构楼盖体系中，可优先考虑采用"钢管混凝土柱＋实腹钢框架梁＋钢次梁＋混凝土楼板"的结构体系。其主要原因如下：

1）商业夹层柱距一般较小，采用实腹钢梁虽然在用钢量上要大于钢桁架，但制作成本和施工进度上要优于钢桁架，总体造价两者差别不大。

2）商业夹层的层高较小，建筑装饰和使用上对结构高度控制较严，采用实腹梁较易满足商业夹层处楼层净空的要求和建筑外观的要求。

3）根据结构受力特点和设备管道布置的需要，实腹钢梁宜优先采用蜂窝梁，以提高楼盖的经济性。

3. 当柱距大于 30m 时，一般情况下宜优先选用钢桁架＋钢次梁的楼盖结构，但应与建筑师密切配合，尤其应注意建筑净空和建筑装饰对楼盖结构高度的要求。

2.3.4　大跨度高架层钢桁架楼盖布置和经济技术指标

如前所述，大跨度高架层楼盖中，若采用钢结构，则采用钢桁架＋钢次梁＋钢筋混凝土楼板的楼盖结构较经济合理。在楼盖结构布置时，除满足结构安全、设备布置和建筑形态要求外，最重要的是通过合理的结构布置和构件设计，充分提高钢结构楼盖的经济技术指标，尤其是经济指标。

表 2.2 中所列举的站房高架层楼均采用"钢管混凝土柱＋钢桁架框架梁＋钢次梁＋混凝土楼板（压型钢板作模板）"结构体系，其抗震设防烈度、温度作用、柱网尺寸以及结构高度等结构参数在铁路站房中具有一定的代表性，其经济指标是经过多次优化得到的施工图阶段的数据。需要指出的是，本文中所列楼盖用钢量均不包括钢结构节点的用钢量。

各站房高架层钢结构楼盖总体用钢量比较　　　　表 2.2

站房名称	设防烈度	温度作用 (ΔT)(℃)	平面尺寸 (m)	柱网尺寸(m)	结构高度 (m)	楼盖用钢量 (kg/m²)
杭州东站	6(0.05g)	30；-32	总平面：164×461 分缝后平面：164×169、164×129、164×163	21.7～24.8×21.5～46.55	2.8	172.0

续表

站房名称	设防烈度	温度作用 (ΔT)(℃)	平面尺寸 (m)	柱网尺寸(m)	结构高度 (m)	楼盖用钢量 (kg/m²)
郑州东站	7(0.015g)	30；-40	总平面：156×476 分缝后平面：156×208、156×276	20~30× 21.5~ 44.5	2.9	154.9
太原南站	8(0.02g)	30；-30	总平面：281×112 分缝后平面：108×112、172×112	36×21.6~ 31.7	3.0	208.0
长沙南站	6(0.05g)	30；-30	233×179 （无缝）	32~49× 20~27.75	2.45	212.0
西安北站	8(0.02g)	32；-41	183×522 （分缝）	16~24.5× 20~43.06	3.0	186.3

注：1. 楼盖结构均为"钢管混凝土柱+钢桁架框架梁+钢次梁+混凝土楼板（压型钢板作模板）"结构；
2. 楼盖用钢量也不含柱的用钢量，后同。

从表 2.2 中可知，对于单向或双向跨度大于 25m 的楼盖结构，采用"钢管混凝土柱+钢桁架框架梁+钢次梁+压型钢板混凝土楼板"结构（以下简称钢桁架结构）是比较经济合理的。钢桁架结构不仅具有较好的经济技术指标，施工方便、快捷；而且在结构高度内设置设备用房和管道方便，间接地提高了建筑使用面积。

2.3.5 影响高架层钢结构楼盖用钢量的因素

影响楼盖用钢量的主要因素有：

1）柱距；2）钢桁架的结构高度；3）钢桁架的形式和构件选用；4）次桁架的平面布置方式和间距；5）钢次梁的布置间距；6）钢次梁的截面选用；7）楼盖平面尺寸及温度作用；8）抗震设防烈度。下面分别加以论述。

1. 柱距

在上述因素中，柱距对楼盖用钢量的影响是最显著的。

1）双向跨度均较大的楼盖，其用钢量比单向大跨度的楼盖的用钢量要大。

从表 2.2 中西安北站和太原南站的用钢量中可以明显看出：太原南站和西安北站主要的差别为柱距，其余条件相同或相近，顺轨向柱距：太原南站均为 36m，西安北站则为 16~24.5m；垂直于轨道方向：两站房柱距较接近，个别柱距西安北站更大。究其原因，主要是双向柱距较大的楼盖结构中，次桁架必须沿双向布置，使双向框架桁架受力更均匀，次桁架数量的增加和框架桁架用钢量增加是楼盖用钢量增加的主要原因。

2）在同一站房中，不同柱距区域用钢量也有较大差异，详见表 2.3。

从表 2.3 中可以得到以下结论：

（1）随着柱距的增加，楼盖用钢量增加，增加幅度从 7%~17.4% 不等。需要指出的是，长沙南站为特殊情况。

各站房高架层钢结构不同柱距楼盖用钢量　　　　　　　　　　　表 2.3

站房名称	设防烈度	温度作用 (ΔT)(℃)	柱网尺寸 (m)	结构高度(m)	楼盖用钢量 (kg/m²)
杭州东站	6(0.05g)	30；-32	21.7×21.5	2.8	164.0
			21.7×46.65		176.0
郑州东站	7(0.015g)	30；-40	20×21.5	2.9	132.6
			20×44.5		155.5
太原南站	8(0.02g)	30；-30	36×21.6 (单向次桁架)	3.0	213.0
			36×31.7(双向次桁架+次梁)		198.0
长沙南站	6(0.05g)	30；-30	21.5×32	2.45	183.6
			27.75×49		235.0
西安北站	8(0.02g)	32；-41	21×21.5	3.0	184.5
			21×43.06		196.7

(2) 双向跨度均较大的区域，楼盖用钢量相对较大。

(3) 双向跨度均较大的楼盖，次桁架采用双向交叉布置+钢次梁的方案较经济合理，从太原南站可以明显地看出这一点。

(4) 一般情况下不宜采用无钢次梁的钢桁架楼盖方案。

2. 钢桁架结构高度

1）钢桁架结构高度的确定

钢桁架的上下弦杆之间的中心距的选择主要根据以下几个因素确定：

(1) 柱距（跨度）；

(2) 建筑层高及轨道层使用净空的要求；

(3) 结构高度范围内设备净空要求。

其中：钢桁架结构高度范围内设备所需的净空高度一般≥2m；

承轨层列车限界要求：高架层结构（包括吊顶）底至轨顶高度≥6.6m。

目前采用的钢桁架上下弦之间中心距一般为 2.45～3m，钢桁架跨高比一般为 8～15，较为经济合理。长沙南站 49m 跨区域的跨高比为 20，该区域的楼盖经济性较差。

2）楼盖桁架结构高度与结构抗弯能力以及楼盖经济性的关系

若一榀某方向的钢桁架的上下弦之间的中心距为 h，上下弦的截面积分别为 A_t 和 A_b，则钢桁架的平面内抗弯刚度为 $\dfrac{E \times A_t \times A_b \times h^2}{A_t + A_b}$，即与上下弦杆的截面积、结构高度的平方成正比。在其余条件相同的前提下，要提高楼盖的抗弯刚度和抗弯承载力，通过加大结构高度比增加弦杆截面积更为经济。在增加结构高度时，虽然桁架腹杆用钢量增加，但腹杆用钢量在桁架结构中占的比例较小，杭州东站、郑州东站和太原南站等站的分析统计表明：钢桁架中腹杆的用钢量在桁架总用钢量中所占比例为：0.29～0.34，即腹杆占整个桁架用钢量的三分之一左右。因此，提高结构高度还是有利于降低用钢量的。由于建筑层高的限制和净空的要求，结构高度的增加受到一定的限制。但在结构设计中，应尽可能增加结构的高度，以提高结构的抗弯承载力、刚度和经济技术指标，并有利于提高楼盖结构的竖向舒适度。

长沙南站和杭州东站抗震设防烈度和温度作用基本相同，局部柱网尺寸也较接近，但桁架结构的高度有一定的差异，两站比较如表 2.4 所示。

楼盖桁架高度对楼盖用钢量的影响　　　　　　　　　　　表 2.4

站房名称	平面尺寸(m)	柱网尺寸(m)	桁架高度(m)	楼盖用钢量(kg/m²)
杭州东站	分缝后平面尺寸： 164×169、 164×129、 164×163	21.7×21.5	2.8	164.0
		21.7×46.55		176.0
长沙南站	233×179	21.5×32.0	2.45	183.0
		27.75×49.0		235.0

由表 2.4 可以得出如下结论：

(1) 杭州东站的结构高度比长沙南站高 15%，在柱网基本相同的情况下，长沙南站用钢量比杭州东站用钢量增加 10%～30%。

需要指出的是，长沙南站 49m 跨的高跨比为 1/20，属于特殊情况。但至少通过此工程设计说明，钢桁架的跨高比过大是不经济的。

(2) 在跨度为 45m 左右的楼盖中，桁架上下弦杆之间的中心距取 2.8～3.0m 是比较合适的。

(3) 在条件容许的情况下，增加桁架高度，楼盖经济指标能得到显著改善。

(4) 楼盖钢桁架跨高比宜≤16。

3. 钢桁架的形式和构件

1) 钢桁架构件截面

钢桁架弦杆采用倒放 H 形截面或箱形截面，腹杆采用 H 形、箱形或圆管截面，H 形和箱形截面腹杆的截面高度与弦杆高度相同，弦杆与腹杆之间在节点区域通过焊接连接，以减小节点尺寸和用钢量，且内力传递更均匀、可靠，典型楼盖钢桁架见图 2.1。该桁架节点连接方式在铁路桥梁设计中较为常见，在建筑结构中，武汉国际会展中心跨层钢桁架中也有应用[1]，但采用高强螺栓连接。

在构件截面或尺寸选用时，应注意以下两点：

(1) 根据构件内力大小、刚度要求以及经济性确定构件截面类型及尺寸，在内力较小的区域，若腹杆截面由其刚度决定时，尽量采用圆钢管截面。杭州东站、郑州东站及西安北站均采用此原则选用腹杆构件，有利于提高楼盖经济指标。

(2) 弦杆采用 H 形或箱形截面，根据多个工程的分析对比，弦杆的平面内高

图 2.1　施工中的郑州东站高架层钢桁架

度选用 400~500mm 较经济合理，优先选用 400mm。

上述所列站房的桁架弦杆截面高度均为 400mm，这是通过多次优化设计得到的结果，采用此截面高度较经济合理。

2）桁架节间长度

一般根据次桁架或次钢梁的布置间距，以及腹杆与弦杆之间的夹角确定桁架节间长度。比较理想的腹杆与弦杆之间的夹角宜取 40°~50°，根据目前楼盖设计情况，腹杆与弦杆之间的夹角在 37°~45°居多。

4. 次桁架的平面布置

根据柱网尺寸，合理布置次桁架对楼盖的经济性极其重要。表 2.5 列举了各站房次桁架和次梁布置方式不同对楼盖用钢量的影响。

楼盖次梁、次桁架布置对楼盖用钢量的影响　　　　表 2.5

站房名称	次梁间距(m)	次桁架间距(m)	柱网尺寸(m)	结构高度(m)	楼盖用钢量(kg/m²)
郑州东站	3	6.4,8.7（单向）	30×21.5	2.9	127.5
	3	6.4,8.7（双向）	30×21.5		161.7
太原南站	（无次梁）	3.6	36×21.6（仅有单向桁架）	3.0	213.0
	3	8.05	36×31.7（双向桁架）		198.0
西安北站	2.7	6.1	24.5×21.5	3.0	156.7
		3.05	24.5×21.5		181.0

从表 2.5 中可以看出：

1）在双向柱距均不大于 30m 的区域，次桁架采用单向布置较经济；
2）在双向柱距均大于 30m 的区域，次桁架宜双向布置；
3）不宜采用无次梁的楼盖布置方式，即采用次桁架＋钢次梁的布置方式较为经济；
4）次桁架的间距，也就是钢次梁的跨度，取 6~8m 较合适。

5. 次梁间距对楼盖用钢量的影响

一般较经济合理的次梁间距为 2.5~3.5m，宜取 3.0m 左右。杭州东站在施工图阶段进行了相应对比设计。分析体现了在其余条件均相同仅次梁布置间距不同的情况下楼盖用钢量的变化，考察次梁间距对楼盖用钢量的影响，为次梁布置提供依据。具体见表 2.6。

次梁间距对楼盖用钢量的影响　　　　表 2.6

站房名称	设防烈度	次梁间距	平面尺寸(m)	柱网尺寸(m)	结构高度(m)	楼盖用钢量(kg/m²)
杭州东站	6(0.05g)	小间距(2.65m)	461×164（分缝）	21.7~24.8×21.5~46.55	2.8	175.0
杭州东站	6(0.05g)	小间距(2.87m)	461×164（分缝）	21.7~24.8×21.5~46.55	2.8	171.8

续表

站房名称	设防烈度	次梁间距	平面尺寸(m)	柱网尺寸(m)	结构高度(m)	楼盖用钢量 kg/m²
杭州东站	6(0.05g)	大间距(3.175m)	461×164(分缝)	21.7~24.8×21.5~46.55	2.8	169.2
杭州东站	6(0.05g)	大间距(3.22m)	461×164(分缝)	21.7~24.8×21.5~46.55	2.8	166.2

从表 2.6 可以看出：

1) 在钢次梁间距为 2.65~3.22m 的常用间距时，楼盖用钢量相差 5% 左右，在该跨度范围内，压型钢板作模板的楼板设计和施工造价基本不变，因此，钢次梁的间距采用 3.0~3.2m 较为适当。

2) 钢次梁布置应考虑压型钢板在施工阶段的承载力，过大的次梁间距（即压型钢板的跨度）也不利于施工。

3) 合理选择次梁截面对楼盖用钢量相当重要。

6. 钢次梁截面选用

楼盖钢次梁一般选用 H 形截面，根据上述各站房钢次梁的设计及优化结果，在 H 形钢梁选用时宜注意以下事项：

1) 大型站房一般为大平面尺寸，即使通过设置防震缝，减小楼盖单元平面尺寸，温度作用仍为主要荷载作用之一，因此，钢梁应作为压弯构件进行设计。

2) 一般情况下，钢梁与其支承构件（钢梁或桁架）之间铰接连接，但在轴力较大区域，宜采用刚接连接以传递轴力，减小节点连接难度。

3) H 形钢梁的腹板高厚比 $\left(\dfrac{h_{w0}}{t_w}\right)$ 选取时，在满足腹板板件局部稳定的前提下，尽可能降低腹板的用钢量，各个站房的设计表明，H 形钢梁腹板高厚比取 50~60 较为经济。

4) 由于轴力的影响，钢次梁跨高比 l/h_b 取 18~20 较为适当。

7. 楼盖平面尺寸和温度作用的影响

1) 平面尺寸对楼盖用钢量的影响

该影响主要体现在以下两方面：

(1) 与小平面尺寸的楼盖相比，大平面楼盖结构由于约束的增大和累计变形的增加，温度作用在结构中产生的内力显著增大，温度作用为结构主要荷载作用之一，甚至为控制荷载，从而增加楼盖的用钢量。

(2) 在抗震设防高烈度区，地震作用对结构的影响较大，大平面尺寸结构在地震作用下扭转明显，分析复杂。按照国家现行相关规定，单元平面尺寸大于 300m 时须考虑地震作用的行波效应。

2) 温度作用对楼盖用钢量的影响

(1) 温度作用在结构中产生内力的原理

简单地说，无外部约束的构件或结构在温度作用下虽然会产生自由变形，但在构件或结构中不产生内力；构件或结构只有在受到外部约束的条件下，温度作用才会在构件或结构中产生内力。

(2) 温度作用在楼盖结构中产生的内力分布规律

对于大平面框架结构而言,温度作用在楼盖结构中产生的内力有以下特点:

① 次梁和楼板中主要产生轴力,其轴力分布规律为:楼盖平面中间区域轴力大;楼盖平面端部区域轴力小。

② 对于框架梁,除上述轴力外(轴力分布规律同次梁),温度作用产生的梁端弯矩分布规律为:楼盖平面中间区域小;楼盖平面端部区域大。

③ 柱端弯矩分布规律与框架梁类似。

(3) 降低温度作用的结构措施

从降低楼盖用钢量考虑,对于温度作用,宜采用"放"的方法:即在楼盖中设置防震缝(兼作伸缩缝)将大平面结构分成相对平面尺寸较小且竖向约束较小的结构单元,以减小温度作用在结构内产生的内力;同时,较小的平面尺寸也有利于结构的抗震。为此,在设计中需考虑以下两个问题:

① 合理确定各结构单元的平面尺寸;

② 防震缝设置方法。

结构单元平面尺寸的确定和防震缝的设置主要应根据结构柱网、建筑平面布置、温差大小和抗震设防烈度综合考虑确定。

郑州东站在施工图阶段在垂直于轨道方向分别进行了设置两道防震缝和仅设置一道防震缝的结构设计,其楼盖的用钢量如表2.7所示。

温度作用对楼盖用钢量的影响　　　　表 2.7

站房名称	桁架高度(m)	平面尺寸(m)	楼盖用钢量(kg/m²)	备注
郑州东站	2.9	156×187	140.4	设两道防震缝
		156×142		
		156×147		
		156×208	155.5	设一道防震缝
		156×268		

从表2.7中可以看出,郑州东站楼盖设置一条缝比设置两条缝的用钢量增加10%左右,相差较大。

根据站房设计对比,在一般情况下,分缝后结构单元的两方向平面尺寸宜小于200m,应小于300m。

关于防震缝的设置方法:

(1) 设置双柱,使两侧结构完全分开;

(2) 采用单柱,在柱顶设置双向滑动支座和铰支座或刚接连接;

(3) 采用两侧悬挑结构。

在柱顶设置滑动支座时,应考虑楼盖平时在温度作用下的变形和地震(尤其是大震)作用下结构的抗震性能,设置防脱落装置,必要时在支座处设置速度型阻尼器。

8. 抗震设防烈度对楼盖用钢量的影响

郑州东站和西安北站在楼盖平面尺寸、温度作用以及结构布置、楼盖结构高度上均较接近,但抗震设防烈度不同,表2.8基本反映了抗震设防烈度的影响。

抗震设防烈度对楼盖用钢梁的影响　　　　　　　　　　　　　　表 2.8

站房名称	设防烈度	温度作用 (ΔT)(℃)	平面尺寸 (m)	柱网尺寸 (m)	结构高度(m)	楼盖用钢量 (kg/m²)
郑州东站	7(0.015g)	30;—40	156×476 (分缝)	20～30× 21.5～44.5	2.9	154.9
西安北站	8(0.02g)	32;—41	183×522 (分缝)	16～24.5× 20～43.06	3.0	186.3

从表 2.8 中可以看出，抗震设防烈度为 7 度（相当于 7.5 度）与 8 度之间用钢量差别约为 15%。

2.3.6 商业夹层结构布置

商业夹层一般由于层高的限制和外观的要求，结构高度受到限制，对于柱距不大于 25m 的楼盖结构，楼盖梁采用实腹梁或蜂窝梁具有较好的经济性，施工相对快捷和方便；跨度为 30m 以上的楼盖，一般采用钢桁架+钢次梁较为经济，但与实腹梁相比，钢桁架结构的高度较大，应在结构选型时与建筑师密切配合，进行反复对比后选定楼盖结构。

1. 楼盖经济技术指标比较

杭州东站、郑州东站等五站的商业夹层均采用钢结构楼盖，其中太原南站由于设备管道布置要求框架梁均采用钢桁架结构，而郑州东站则局部采用实腹钢梁结构，部分梁为蜂窝梁；杭州东站跨度很大，楼盖采用井字形布置的钢次梁。楼盖结构的经济技术指标如表 2.9 所示。

各站房商业夹层钢结构经济技术指标　　　　　　　　　　　　表 2.9

站名	平面尺寸 (m)	柱网尺寸 (m)	楼盖结构 形式	结构高度 (m)	楼盖用钢量 (kg/m²)
杭州东站	152×114	21.7～38.26× 31.26～46.55	井字钢次梁+ 箱形钢框架梁	次梁为1.85, 周边框架梁为2.5	263
郑州东站	256×69	39.15～ 41.5×27.5	钢桁架+ 钢次梁	桁架中心距 为3.35	207
		27.5×78	钢桁架+ 钢次梁	桁架中心距 为3.35	273
西安北站	150×176	10.5～24.5× 8.6～24.9	实腹钢梁	0.8～1.4	172
太原南站	81～139×18	21.5～ 31.65×18	钢桁架+钢次梁	2.05(1.8)	161

从表 2.9 中可以看出：

1) 上述各站中商业夹层平面尺寸和柱距差异较大，但就楼盖经济性而言，柱距小于 25m 采用实腹钢梁较合适。

2) 对于一个方向跨度介于 25~30m 之间，而另一方向跨度不大于 20m 的楼盖结构，采用钢桁架结构和实腹梁结构均较合适。由于钢桁架楼盖结构高度一般大于实腹梁楼盖结构，在建筑层高受限或建筑外观限制时，选用钢桁架结构应予以密切注意。同时需要指出的是，钢桁架的制作成本、制作时间和防腐、防火费用也相对较高。

3) 对于跨度大于 30m 的楼盖，一般尽量采用钢桁架结构。杭州东站商业夹层设计中曾分别采用如下两种楼盖结构布置方案：

(1) 钢桁架+钢次梁结构：楼盖结构用钢量为 195kg/m^2，楼盖结构总高度为 4.3m。

(2) 实腹钢梁或蜂窝梁结构：楼盖结构用钢量为 263kg/m^2，楼盖结构总高度为 2.6m。

从上述结果可以看出，方案（1）的经济性更好。

最终由于建筑层高限值和高架层建筑装饰要求，采用方案（2）。

表 2.9 中郑州东站的结果也验证了上述结论。

4) 对于双向跨度均很大的楼盖，若由于结构高度的限制而必须采用实腹梁时，根据杭州东站的设计经验（杭州东站最大柱距为 38.26m×46.55m）：

(1) 宜采用井字钢次梁+箱形钢框架梁的结构布置方式。这样，一方面提高楼盖的竖向刚度；另一方面降低楼盖的用钢量。

(2) 尽量减小梁腹板厚度，通过设置纵向和横向加劲板确保腹板的局部稳定性。

(3) 钢次梁可采用蜂窝梁，一方面有利于降低楼盖用钢量和设备管道的铺设；另一方面，蜂窝梁与相同高度的实腹梁刚度相差不大。

2. 关于蜂窝梁的设计

如前所述，为降低楼盖结构用钢量和设备管道的铺设，钢次梁可采用蜂窝梁。蜂窝梁的高度可取相应实腹梁梁高的 1.5 倍，梁端腹板不设洞。

洞口形式可为圆形或正多边形。

2.4 关于钢楼盖各构件的节点用钢量

SAP2000 或 Midas 进行整体结构建模和结构分析，梁柱构件均为杆系单元，并用节点相连，因而，最终得到的构件材料用量均为节点之间构件的材料用量。对杭州东站的实体模型中材料用量与结构整体软件分析结果得到的材料用量进行比较，以结构整体软件分析结果得到的材料用量为基数，得到相应的节点板系数如下：节点系数=实体模型中材料用量（含节点板）/结构整体软件分析结果得到的材料用量。

1. 杭州高架层桁架节点系数：1.13~1.21，平均值：1.14。

其中：

(1) 46.65m 跨度的纵向主桁架节点系数：1.21；

(2) 43m 跨度的纵向主桁架节点系数：1.18；横向主桁架节点系数：1.156；

(3) 次桁架节点系数：1.13~1.15 不等。

2. 钢梁的节点系数：1.02~1.08。

跨度越大，节点系数一般越小。

2.5 结论

通过对结构形式类似的大型站房钢结构高架层和商业夹层的统计分析，对大跨度楼盖的结构布置提出以下建议：

1. 宜采用钢次梁＋钢次桁架＋钢框架桁架的楼盖构件布置方式。

2. 楼盖的平面尺寸不宜过大，一般宜不大于200m，以减小温度作用，降低结构的用钢量。

3. 对于双向柱距为20多米×40多米的楼盖区域，次桁架宜单向布置，且次桁架的跨度为长跨，间距宜为6～8m。

4. 对于双向跨度均为30多米的楼盖区域，次桁架宜采用双向布置，间距宜为6～8m。

5. 钢桁架的跨高比为8～15，结合铁路站房的柱距特点，钢桁架弦杆中心距取2.8～3.0m较合适；上下弦杆截面高度一般为400～500mm，宜取400mm。

6. 钢桁架腹杆在剪力较小部位（截面尺寸由杆件刚度控制时），可以用圆钢管代替H形截面。

7. 钢次梁的跨度宜为6～8m，间距宜取3m左右，跨高比为18～20。

8. 压型钢板尽量采用缩口或闭口形，尽量减小楼板折算厚度和重量。

9. 对于双向跨度均为30多米，而由于建筑层高等限制而必须采用实腹梁时：

1）宜采用井字钢次梁＋箱形钢框架梁的结构布置方式。这样，一方面提高楼盖的竖向刚度；另一方面降低楼盖的用钢量。

2）尽量减小梁腹板厚度，通过设置纵向和横向加劲板确保腹板的局部稳定性。

3）钢次梁可采用蜂窝梁，一方面有利于降低楼盖用钢量和设备管道的铺设；另一方面蜂窝梁与相同高度的实腹梁刚度相差不大。

10. 进行节点设计时，应注意节点区域大小，控制节点板用量。

第 3 章

大跨度钢结构楼盖竖向舒适度

3.1 高铁站房楼盖竖向振动舒适度

自 2003 年以来,在铁道部提出的"以人为本,综合体现'功能性、系统性、先进性、文化性、经济性'的五性原则"指导下,铁路客站建设迎来跨越式发展的时机,新型铁路客站(即第三代铁路客站)与传统铁路客站有较大区别:第三代铁路客站建筑形态既体现地域文化和传统,又具有现代特色,结构形式新颖、复杂;大型站房作为交通枢纽,除了国铁以外,还与地铁、公交、磁悬浮等交通设施无缝衔接,即主站房中含有这些交通设施。

高铁站房中高强材料的采用、结构高度的限制和大跨度结构的采用,使站房楼、屋盖结构的自振频率比较低,尤其是高架候车厅层楼盖结构,该楼盖为人员聚集区域,人数众多,具有一定的有序流动的特性,人群活动引起的振动属于低频振动,如果人群激励频率接近于高架候车厅楼盖结构的基频,就很容易引起共振,从而导致候车旅客的不舒适。

列车在高速行驶过程中,轨道不平顺及车辆蛇行运动等因素会导致列车产生振动,对于"桥建合一"结构的站房,振动会通过柱传到上部候车厅层结构,列车产生的振动也有可能引起旅客的不舒适。

综上所述,对人群荷载作用下和列车高速通过时站房结构楼盖的竖向舒适度进行研究是很有必要的。

3.2 楼盖竖向振动舒适度的评价标准

3.2.1 主要评价标准

根据国内外楼盖竖向舒适度的评价研究成果和应用情况,对楼盖振动舒适度的评价标准主要分为以下三类:

1. 基于振幅的评价标准

1) Reiher 和 Meister 准则

将测得的结构自振频率和振幅与图 3.1 中各条曲线对比即可对舒适度作出评价。其中横坐标表示频率，单位为 Hz；纵坐标表示最大振幅，单位为 mm，由现场实测得到。

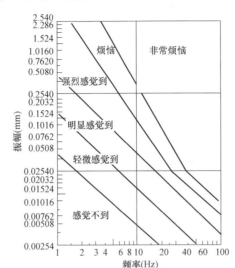

图 3.1 Reiher ail Meister 振动舒适度评价曲线

2）Lenzen 准则

Lenzen 曲线是在 Reiher 和 Meister 曲线的基础上将曲线的纵坐标（振幅）增大为原来的 10 倍得到的，所以曲线的形状基本相同。Lenzen 限定该准则只能用于结构跨度小于 7.3m，阻尼比不超过 5% 的情况。Lenzen 准则将测得的自振频率和振幅与图 3.2 中各条曲线对比即可对舒适度作出评价。其中横坐标表示频率，单位为 Hz，纵坐标表示最大振幅，单位为 mm，由现场实测得到。

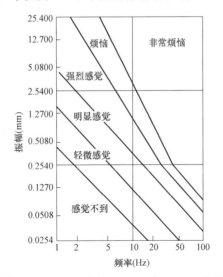

图 3.2 Lenzen 的改进 Reiher&Meister 曲线

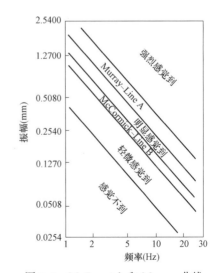

图 3.3 McCormick 和 Murray 曲线

3）McCormick 和 Murray 准则

如图 3.3 所示，McCormick 建议对于阻尼比小于 3% 的楼板，如果振动对应点（由频率和振幅确定）位于 B 线下方，那么振动是可接受的；反之，则是不可接受的。对于阻尼比在 4%～10%的楼板体系，如果振动对应点在"明显能感觉到"区域的上 1/3 部分，会造成居住者的抱怨；如果振动对应点在"强烈感觉到"部分，那么居住者和房产所有者均不会接受。

2. 基于峰值加速度的评价标准

1）国际标准化组织 ISO 标准曲线

针对不同的振动环境和振动持时，ISO 通过在基本曲线的基础上乘以一定的倍数作为对应情况下的舒适度评价标准，ISO 给出的基本曲线如图 3.4 所示。

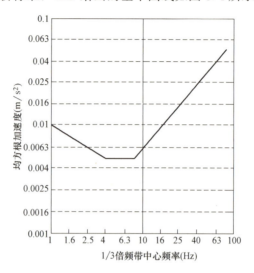

图 3.4　ISO 均方根加速度基本曲线

ISO 给出的一些特定振动环境下的基线倍数见表 3.1，可以看到该标准所给出的振动环境其振动水平都较小，对于商场、交通线附近的振动环境就无法作出准确评价。

ISO 给出的各种振动环境下的基线倍数			表 3.1
地点	时间	连续振动、反复冲击	一天几次的冲击振动
要求严格的区域（手术室实验室）	白天	1.0	1.0
	夜间	1.0	1.0
住宅	白天	2.0～4.0	60.0～90.0
	晚上	1.4	1.4～2.0
办公室	白天	4	128.0
	晚上	4	128.0
车间	白天	8	128.0
	晚上	8	128.0

2）Ellingwood 和 Tallin 准则

该标准是针对商业建筑梁板体系提出的一种舒适度评价标准，其使用前提是在 2kN 的集中荷载作用下，结构任何位置的挠度不超过 0.5mm，该标准提出的针对各种使用环境的稳态和瞬时振动的加速度峰值限值见表 3.2。

Ellingwood-Tallin 准则给出的加速度限值　　　表 3.2

环境/活动	加速度限值		
	稳态振动 均方根加速度(g)	阻尼条件(%)	瞬时振动 峰值加速度(g)
医院 实验室	0.002	3	0.005
		6	0.010
		12	0.020
宾馆和公寓 办公室 图书馆	0.005	3	0.020
		6	0.050
		12	0.100
饭店 剧场	0.010	3	0.050
		6	0.100
		12	0.200
商业中心 仓库 走道、楼梯等	0.020	3	0.050
		6	0.100
		12	0.200

3）加拿大 CSA 标准 S16.1

该标准以具有不同自振频率和阻尼比的楼板系统的加速度峰值占重力加速度的百分比作为限值，如图 3.5 所示。峰值加速度除了可以通过实测或有限元模拟得到外，该标准提出，在设计中峰值加速度还可以通过最大振幅 A_0 来计算，计算方法如下式所示：

$$\alpha_{\max} = (2\pi f)^2 A_0 \tag{3.1}$$

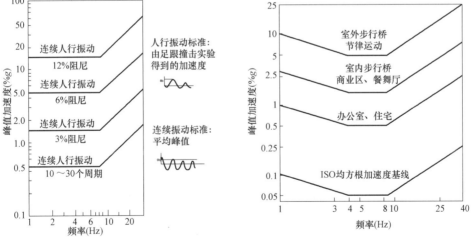

图 3.5　CSA 振动舒适度评价曲线

该规范同时提出，如果振动在 5～10 个周期内可以完全衰减，那么人所能忍受的加速度水平要高于连续激励大约 10 倍。

4）美国钢结构协会 AISC-11 钢结构设计指南

该标准全称《美国钢结构设计指南 11—人类活动引起的楼面振动》，主要用于人类自身活动引起建筑物振动的舒适度评价，如人行、观众入退场、跳跃等活动引起的振动。

AISC-11 推荐指南给出的峰值加速度限值根据振动环境和人活动类型的不同一般按表 3.3 来取。

AISC-11 推荐指南给出的峰值加速度限值 表 3.3

振动环境	人的活动	结构的阻尼比	峰值加速度(m/s^2)
住宅、办公室	行走	$0.02\sim0.12$①	0.005
	跳跃或者其他剧烈韵律运动		0.020
商场、舞厅、车站、室内人行桥	行走	$0.01\sim0.05$	0.015
	跳跃或者其他剧烈韵律运动		0.020
室外人行桥	行走	$0.005\sim0.01$	0.050
	跳跃或者其他剧烈韵律运动		0.050

①：$0.02\sim0.05$，用于无家具和非结构构件情况的钢结构和混凝土结构；
$0.06\sim0.10$，用于含有家具的情况，比如居民楼；
$0.10\sim0.12$，用于含有家具和隔断墙等结构。

5）加拿大标准协会（CSA）在钢结构限值设计中的附录 G 中提出了关于楼面振动的设计标准，来保证楼面系统满足人对于振动舒适度的要求。该标准指出，对于结构基频在 8Hz 以下的楼面系统，采用峰值加速度的标准来衡量。

加拿大标准主要用于评价 1~8Hz 的振动频率范围内由正常步行引起的振动舒适度评价。

3. 基于最小竖向振动频率的评价标准

Allen 和 Murray 建议通过验证结构竖向最小振动频率来评价结构的舒适度，该评价准则与结构阻尼、振动环境和结构有效参与质量有关，评价准则如下式所示，如果结构竖向基频 f_0 满足式（3.2），则该振动环境是舒适的。

$$f_0 > 2.86\ln(K/\beta W) \quad (3.2)$$

式中：K——常数，对于办公室和居民区取 13，对于商场取 4.5，对于室外人行天桥取 1.8；

β——阻尼比，对于办公室和居民楼取 0.03，对于商场取 0.02；

W——楼板上包括人在内的分布附加质量（kg/m^2），称为有效参与质量。

3.2.2 铁路站房大跨度钢结构楼盖结构竖向舒适度评价标准

1. 竖向舒适度评价标准的确定

虽然振动舒适规范众多，但国内外现有规范未涵盖高铁站房结构在交通振动下的评价标准问题。部分规范（如 ISO 10137：2007）虽然给出了站房结构给定区域在某一类环境下的评价标准，但是对于站房结构，不同荷载下应考虑采取不同的舒适度标准，不同的功能分区其适用的舒适度标准也不同。完全适用于站房结构各区域给定环境（列车和人群）下的振动舒适评价标准目前尚未见诸文献。

在楼板振动舒适度评价中，人为主要的振动接收者，如前所述，目前各国规范多采用各种形式的加速度指标，其主要形式有：竖向加速度峰值、频率计权均方根加速度，频率计权四次方振动值。

在结构设计中,应用比较方便的是以竖向加速度峰值作为评价指标(楼板振动以竖向振动为主),目前,这一评价指标在国内外是普遍接受的。

在国内铁路站房大跨度楼盖的振动舒适度评价中,一般也采用竖向加速度峰值作为评价指标,如北京西站、长沙南站、广州南站、郑州东站、杭州东站、太原南站、西安北站等。

2. 竖向加速度峰值的限值

铁路站房候车厅楼盖舒适度评价所需的竖向加速度峰值限值的确定,一般需考虑以下因素:

1) 目前国内外相关的标准:如前所述,美国钢结构协会 AISC-11、美国 ATC:Minimizing Floor Vibration (1999)、加拿大 CSA 标准 S16.1 以及 Ellingwood 和 Tallin 准则等均以加速度峰值为评价指标,并大多是参考国际标准 International Standard ISO 2631-2:1989 确定。

International Standard ISO 2631-2:1989 标准中给出了以 RMS(均方根加速度)为指标的基本限值曲线,上述各国标准均根据不同的情况乘以相应的倍乘因子得到不同环境下用峰值(竖向加速度)表达的限值。如:对办公室或居民楼乘 10,商场、餐厅、舞厅以及室内人行桥等乘 30,室外人行桥乘 30,对于人群有节律运动,如大型歌舞现场等,则乘 100,具体如图 3.6 所示,具体竖向加速度峰值限值可取值如表 3.4 所示。

一般民用建筑楼盖板振动加速度限值表   表 3.4

人所处环境	办公、住宅	商场	室内天桥	室外天桥	仅有节奏性运动
加速度限值(m/s^2)	0.05	0.15	0.15	0.50	0.40~0.70

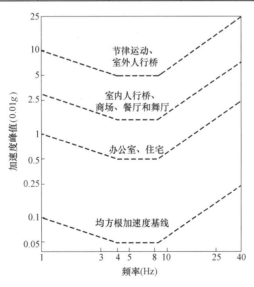

图 3.6 不同环境下人舒适度所能接受的加速度峰值水平

2) 关于高铁站房加速度峰值限值标准的确定,一方面参照上述国外标准类似环境的楼盖确定,如美国 AISC(Floor Vibrations Due to Human Activity)(1997)和 ATC(Minimizing Floor Vibration)(1999)等规范中商场和室内人行天桥的竖向加速度峰值指标值均为 0.015g；另一方面根据高铁站房候车厅旅客活动状况确定几种人行荷载工况进行现场检测，并对站房运营过程中旅客舒适度调查综合确定。根据北京西站、长沙南站、广州南站、武汉站、郑州东站、杭州东站等结构检测及运营状况来看，竖向加速度峰值指标值 0.015g 作为评价标准是合理的。目前在大型高架站房中，列车高速通过的正线区域结构与站场其他结构设缝分开，且在正线上不设高架层结构柱，因此，作为"桥建合一"站房，一般只有到发线列车的振动对高架层有影响。郑州东站的车桥振动理论分析表明，到发线上列车以 80km/h 通过"桥建合一"承轨层框架结构时，高架候车厅层楼盖舒适度满足要求。长沙南站在正线桥墩上设置高架层结构柱，站场结构采用连续梁，理论分析和现场实测均表明，列车高速通过时，高架候车厅楼盖满足上述楼盖舒适度的要求，起控制作用的是人行荷载作用下的楼盖舒适度，因此，本项研究着重于人行荷载作用下的楼盖舒适度分析。

3.3 人行荷载作用下楼盖竖向舒适度分析方法

3.3.1 大跨度钢结构楼盖结构动力学方程的参数选取

采用结构动力学的方法进行铁路站房大跨度候车厅楼盖在人行荷载作用下的振动响应分析，动力学方程如下式所示：

$$[M]\{\ddot{v}(t)\}+[C]\{\dot{v}(t)\}+[K]\{v(t)\}=\{P(t)\} \tag{3.3}$$

式中：$[M]$——质量矩阵；
$\{\ddot{v}(t)\}$——加速度向量；
$[C]$——阻尼矩阵；
$\{\dot{v}(t)\}$——速度向量；
$[K]$——刚度矩阵；
$\{v(t)\}$——位移向量；
$\{P(t)\}$——荷载向量。

1. 质量

质量除一般的恒载外，需考虑楼面活载的质量，活载取值应根据人行荷载确定，与设计中的活载标准值不同，同时，所有活载质量参与振动。

2. 阻尼

采用 Rayleigh 阻尼，如下式所示：

$$[C]=\alpha[M]+\beta[K] \tag{3.4}$$

式中：α——质量比例阻尼系数；
β——刚度比例阻尼系数。

考虑到实际工作中采用振型阻尼比 ξ_n ($n=1, 2, \cdots, N$) 表达更为方便，为此，通过相关推导，得到阻尼系数与振型阻尼比之间的关系如下式所示：

$$\xi_n=\frac{\alpha}{2w_n}+\frac{\beta w_n}{2} \tag{3.5}$$

式中：w_n——第 n 振型的圆频率。

如果已知与两个特定的频率 ω_m、ω_n 相关的阻尼比 ξ_m、ξ_n，就可通过求解一对联立方程得到两个 Rayleigh 阻尼的系数 α 和 β，按照上述思路可得：

$$\begin{Bmatrix} \alpha \\ \beta \end{Bmatrix} = \frac{2\omega_m \omega_n}{\omega_n^2 - \omega_m^2} \cdot \begin{Bmatrix} \omega_n & -\omega_m \\ -1/\omega_n & 1/\omega_m \end{Bmatrix} \cdot \begin{Bmatrix} \xi_m \\ \xi_n \end{Bmatrix} \quad (3.6)$$

工程检测表明，阻尼比离散性比较大，在分析中应予以考虑，并通过工程现场实测调整计算结果。

3. 边界条件

对于大多数柱脚，根据实际情况将其简化为固端支座，即约束相应柱脚节点的所有平动自由度及转动自由度；对于变形缝处的构件连接，采用节点部分自由度耦合的方式，实现其对应的变形模式。

4. 初始条件

动力分析的初始条件为：结构的初位移、初速度及初加速度均为零。

5. 时间积分步长

舒适度评价中振动激励的频率一般不大于80Hz，依据采样定理，频率不超过80Hz的振动可由采样间隔不超过0.00625s等间隔采样值确定，再综合考虑直接积分法的求解特性，在实际计算中选用的时间积分步长可取0.003s左右。

3.3.2 人群荷载模型

人群活动引起的动力载荷显著作用的频率区间大约在1.5～2.5Hz之间，大型候车厅层结构跨度大而楼盖结构高度又受到一定限制，楼盖结构的竖向自振频率较低，当楼盖结构竖向振动频率在2～3Hz时，在楼盖结构上由于人行走、跳跃、跑步等动荷载激励下易引起楼盖结构的较大动力响应，使人产生不舒适感，即人的舒适度问题。

人步行激励曲线取 IABSE（International Association for Bridge and Structural Engineering）的曲线（图3.7），公式如下：

$$F_p(t) = G\left[1 + \sum_{i=1}^{3} \alpha_i \sin(2i\pi f_s t - \Phi_i)\right] \quad (3.7)$$

式中：F_p——行人激励；

t——时间；

G——体重；

f_s——步行频率；

$\alpha_1 = 0.4 + 0.25(f_s - 2)$，$\alpha_2 = \alpha_3 = 0.1$；

$\Phi_1 = 1$，$\Phi_2 = \Phi_3 = \pi/2$。

人快速走动频率为2.3Hz，人慢速走动频率为1.7Hz，所有人的走动不同相位、同频率。人的重量参考 AISC SteelDesign Guide Series 11 之 2.2.1 节取作70kg/人。

分析时考虑在火车到站，乘客上车高峰期，上车走道上每平方米有一个乘客。加载位置根据建筑图设定于乘客上车走道上。所有的行人按照快走或慢走的频率在走道上行走，将人的重量平均到施加荷载面上。偏安全地认为所有人体重相同，行走频率一致，但起步相位不同，且服从 $[0, \pi]$ 均匀分布。

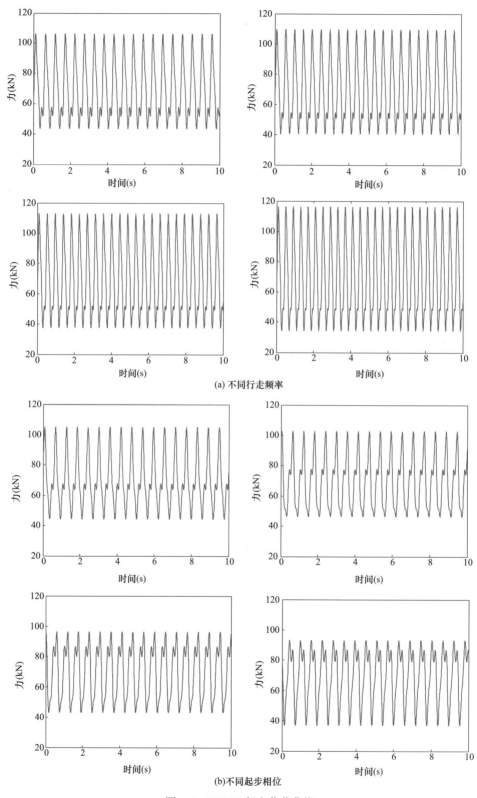

图 3.7 IABSE 行人荷载曲线

人行荷载取值仅考虑前三阶频率的影响，与 ISO 10137—2007 的规定相同，与 AISC-11 的规定基本相同，究其原因，主要是高阶振型的影响较小。

3.4 大跨度钢结构楼盖舒适度分析及现场检测

3.4.1 长沙南站火车站高架层候车厅 49m 跨钢桁架楼盖[2]

1. 长沙南站是我国第一条客运专线——武广客运专线上的最大中间站，分 3 期建设（包括武广场、沪昆场及东站房），总建筑面积为 30 万 m^2。主站房地下 1 层，地上 2 层（商业夹层处为 3 层），采用线侧与高架相结合的流线。

高架层为旅客候车厅层，平面尺寸为 177m（顺轨向）×231.25m，其典型柱距为 20m、21.5m、27.75m（垂直于轨道方向）×32m、49m（顺轨向），楼盖结构不分缝。

高架层结构采用钢管混凝土柱+钢框架桁架+钢次桁架+钢次梁+钢筋混凝土板（压型钢板为模板），钢管混凝土柱在站场区域与国铁桥梁的桥墩相连（铁路桥为梁式桥），包括与国铁正线通过的桥墩相连。高架层（武广场）的建筑平面布置见图 3.8。

2. 高架候车厅 49m 跨楼盖的舒适度问题

由于建筑层高的限制、高架层楼盖下站场列车限界和列车使用净空的要求，高架层顺轨向 49m 跨的钢桁架的上下弦中心距为 2.45m，高跨比为 1/20，竖向刚度较弱，楼盖结构计算竖向振动最小频率为 2.24Hz（不考虑面层刚度和次梁梁端半刚接等因素的影响），且最小的几个频率较接近。

3. 人行荷载所致高架层大跨度楼盖舒适度理论分析

1) 人行荷载和工况

根据铁路候车厅旅客活动规律确定人行荷载及其主要控制工况，进行楼盖结构动力时程分析。人步行激励曲线取 IABSE（International Association for Bridge and Structural Engineering）的曲线。

人行荷载工况如下：

(1) 工况 A：行人慢走（走动频率 1.7Hz）和快走（走动频率 2.3Hz），所有人具有相同频率和相位，沿上车通道按 1 人/m^2 考虑。

(2) 工况 B：集体起立，某进站通道附近所有座椅上坐满了人并同时起立，起立持续时间 1s，起立时的冲击荷载按一个正弦波考虑，人体加速度最大幅值 2.512m/s^2，即动力系数为 0.251，等效均布荷载为 0.7kPa。

(3) 工况 C：20 人在 49m 桁架跨中 20m×7m 区域内按 2.1Hz（接近结构自振频率）跳跃，动力系数 1.5，等效均布荷载为 0.10kPa。

(4) 工况 D：100 人在 49m 桁架跨中 20m×21m 按 2.5Hz 慢跑和 3.2Hz 快跑分别考虑，等效均布荷载为 0.17kPa。

2) 人行荷载作用下楼盖振动舒适度分析

采用有限元分析软件 SAP2000 进行人行荷载下楼盖的动力时程分析。

根据进站通道口的分布，同时考虑结构的对称性，将高架层候车厅荷载布置区域分为 7 块，根据实际运营状况，应用模拟的荷载曲线施加人行荷载，进行人行荷载作用下结构动力响应分析。结构消能减振前后楼盖的动力响应分析结果如表 3.5 所示,减振采用 TMD 减振技术。

减振前后由人群活动引起的楼盖结构竖向加速度最大幅值(mm/s^2) 表 3.5

人行荷载工况	工况 A(人行走)			工况 B(集体起立)	工况 C		D 类(100 人奔跑)	
频率(Hz)	1.7	2.0	2.3		2.1	2.5		3.2
减振前	33～107	78～225	206～319	30～48	172～279	165～180		92～98
减振后	12～99	12～124	68～129	19～41	94～137	63～124		46～75

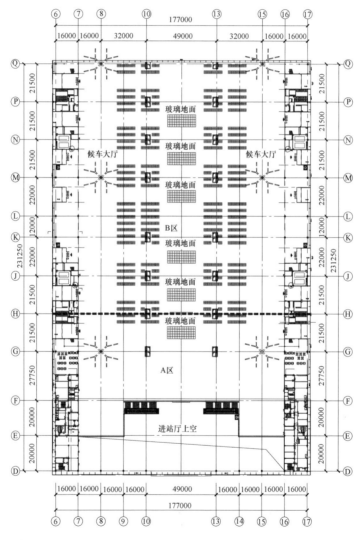

图 3.8 长沙南站高架候车厅建筑平面图

4. 现场检测

1) 现场检测

中南大学对高架层 49m 跨度钢结构楼盖的动力特性及其在正线列车高速通过、人群激励下的动力响应进行了多次现场测试。主要测试内容如下：

(1) 动力特性参数；

(2) 正线列车高速通过时的动力响应；

(3) 人群激励下的动力响应。

2) 测点布置

楼盖在垂直于轨道方向的柱距大部分为 21.5m，只有在国铁正线通过处为 12m（轴 K 和 L 之间），见图 3.8。49m 跨（轴 10～13 之间）楼盖检测可分为两个区域：(1) 正线区域；(2) 一般区域。中南大学分别在轴 K 和 L 之间和轴 P～Q 之间 49m 跨楼盖设置测点，测点分别布置于框架桁架、次桁架、次梁和楼板等构件的跨中部位，以期获得最大的楼盖动力响应，测点布置如图 3.9 所示。

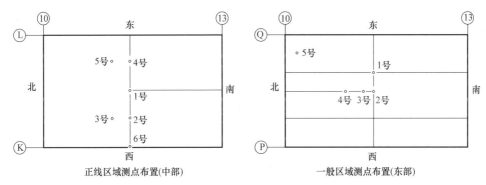

图 3.9 测点布置图

3) 检测主要结论

(1) 在结构消能减振（即安装 TMD）前

① 中部楼盖的实测基频分别为 3.59Hz（8 月下旬楼面尚未装修时）、3.33Hz（9 月下旬此处楼面石材基本铺就时）；东部楼盖的实测基频为 3.02Hz（9 月下旬此处楼面石材开铺前），约为国内人行天桥标准给出的下限值 3Hz。高架层完成装修并投入运营后，结构振动频率必将下降，故从振动频率的角度来看，其 49m 跨楼盖应进行结构振动控制。

② 列车高速通过时，中部楼盖振动加速度幅值的最大值为 93mm/s²，对应的工况为：D55301 次列车沿下行线自北向南，车速 340km/h。可见中部楼面石材基本铺就时，列车高速通过引起的中部楼盖振动加速度不超过国外有关标准给出的室内天桥上限值 0.015g。但运营时中部楼盖振动加速度有可能增大。

③ 人群原地踏步时，中部楼盖振动加速度幅值的最大值为 139mm/s²，对应的工况为：中部 12×8 人原地踏步，步频 3Hz。可见中部楼面石材基本铺就时，人群活动引起的中部楼盖振动加速度不超过国外有关标准给出的上限值 0.015g。但完成装修并投入运营后，中部楼盖振动加速度很有可能超限，应加以控制。

④ 人群活动时，东部楼盖振动加速度幅值的最大值达 385mm/s²，远超国外有关标准给出的上限值 0.015g，对应的工况为：2×10 人以 3Hz 频率沿南北方向齐步跑着赶车。其他多种人群激励工况下东部楼盖振动加速度幅值的最大值也超过国外有关标准给出的上限值 0.015g。当东部楼面铺好石材、装好座椅并投入运营后，东部楼盖振动加速度响应会进一步增大，必须加以控制。

检测得到的楼盖结构阻尼比变化较大,从 1.1% 至 3% 不等。

(2) TMD 减振装置安装后

在 TMD 减振装置安装后,对 49m 跨楼盖振动检测,部分检测结果如表 3.5 所示,主要检测结论如下:

① 高架层完成装修并投入运营后,中部楼盖和东侧楼盖的实测基频均已降低到 3Hz(国内人行天桥标准给出的下限值)以下,符合《减振前行车和行人激励引起的高架层楼盖结构振动测试报告》的推测。

② 列车高速通过时,中部楼盖振动加速度幅值的最大值为 $91mm/s^2$,可见完成装修并投入运营后,列车高速通过引起的中部楼盖振动加速度仍不超过限值 $0.015g$。

③ 结构固有频率降低理应引起人致振动响应增大,但由于安装了 TMD,减振前振动测试时施加的各种人群激励工况引起的楼盖振动加速度均未超过限值 $0.015g$,尤其对于步频较高的激励工况,取得了显著的减振效果,说明人群活动引起的高架层楼盖结构振动得到了有效的控制。

④ 近百人在东侧区格以 3Hz 齐步跑时楼盖振动加速度响应 $0.015g$,尽管无组织情况下出现这种情况的概率微乎其微,但仍建议业主在该楼盖使用过程中,注意禁止大量人群在同一区格内同步快速跑动。

长沙南站(武广场)于 2009 年 12 月 26 日正式投入运营至今,经历了春运等极端状况,没有出现因振动不舒适而产生的旅客抱怨现象与相关投诉,说明以 15gal($0.015g$)为限值的竖向加速度峰值评价方法是可行的。

3.4.2 郑州东站高架候车厅跨度为 44.5m 楼盖结构竖向舒适度分析

1. 理论分析

郑州东站高架候车厅层在位于国铁正线通过的部位,其垂直于轨道方向的柱距为 44.5m,采用的框架桁架上下弦之间的中心距为 2.9m,高跨比为 1/15.4,结构整体模态分析结果,该处楼盖竖向振动的前 2 阶振型所对应的频率分别为 2.42Hz 和 2.71Hz。模态计算不考虑面层刚度及次梁梁端刚度的影响,组合后的活载取 $1.75kN/m^2$,大于振动分析中的 $0.5\sim0.7kN/m^2$。

人行荷载作用下楼盖竖向加速度峰值理论分析结果:最不利工况的荷载组合为:结构自重及附加设备重、承轨层和候车厅人群荷载其中二期活载系数取 0.5+人群集体移动荷载。工况八下竖向加速度最大值及最大值对应点的时程曲线见图 3.10。

时程曲线中最大峰值加速度为 $171mm/s^2$,超过限值 $0.015g$。

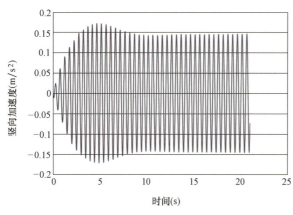

图 3.10 候车层竖向加速度最大值对应点的竖向加速度时程曲线

2. 高架候车厅楼盖结构检测[3]

高架候车厅楼盖结构(无面层和

吊顶）测试区域如表3.6（图3.11）所示。

候车层楼板测试区域　　　　　　　　　　　　　　　　表3.6

楼板编号	南北方向位置	东西方向位置	区域面积(m²)	说明
A1	18-19轴线 (30m)	B-C轴线 (27.5m)	825	结构东侧-中部进站大厅
A3	15-16轴线 (19.15m)	M-N轴线 (21.5m)	412	结构中部-南侧进站大厅
A4	18-19轴线 (30m)	E-F轴线 (21.5m)	825	A区中部候车厅
A5	16-17轴线 (20m)	M-N轴线 (21.5m)	430	A区中部候车厅
B1	18-19轴线 (30m)	V-W轴线 (27.5m)	825	结构西侧-中部进站大厅
B2	16-17轴线 (20m)	V-W轴线 (27.5m)	550	结构西侧-南部进站大厅
B3	16-17轴线 (20m)	Q-S轴线 (44.5m)	890	B区中部候车厅 （最大板跨区域）
B4	18-19轴线 (30m)	Q-S轴线 (44.5m)	1335	B区中部候车厅 （最大板跨区域）

1）模态测试（基于环境脉动）

对上述8块区域楼盖进行楼板动力特性检测

2）人行荷载引起的振动测试

B4区域楼板跨度较大，为主要的乘客通行区，具体测试工况如下：

工况1：9×2人散步行走；

工况2：9×2人齐步行走；

工况3：9×2人跑步走。

3）测试方法

采用自然激励法（NExT）和随机子空间法。

4）B4区域楼板模态测试

B4区楼板在候车层平面中的相对位置及具体测点布置如图3.12所示。

表3.7所示为B4区楼板结构楼面铺装前其竖向前3阶振动频率和阻尼比的识别结果。由表中结果可知，B4区楼板结构楼面铺装前竖向第一阶振动频率在3.616～3.786Hz之间，对5组测试结果取平均值，其竖向一阶振动频率为3.707Hz，一阶阻尼比为3.01%。

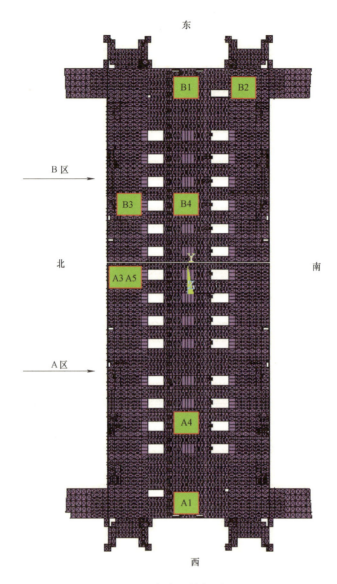

图 3.11 候车层楼板平面图

B4 区楼板铺装前竖向振动频率和阻尼比识别结果（竖向模态） 表 3.7

模态阶数	测量次数										平均值	
	1		2		3		4		5			
	频率(Hz)	阻尼比(%)	频率(Hz)	阻尼比(%)	频率(Hz)	阻尼比(%)	频率(Hz)	阻尼比(%)	频率(Hz)	阻尼比(%)	频率(Hz)	阻尼比(%)
1	3.616	3.23	3.677	3.06	3.785	3.04	3.673	2.79	3.786	2.91	3.707	3.01
2	5.809	1.95	5.765	2.19	5.606	1.76	6.338	1.71	5.789	1.21	5.861	1.76
3	6.479	2.50	6.265	3.30	6.182	3.01	6.698	3.26	6.535	3.92	6.432	3.20

5）站房结构楼板人致振动测试

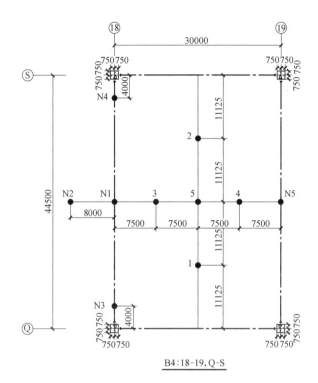

图 3.12 候车层 B4 区楼板的平面图及测点布置

(1) B4 楼板人致振动测试

工况 1 下 B4 号楼板各测点的峰值加速度结果如表 3.8 所示。

表 3.8 工况 1 下 B4 区楼板人群散步行走时各测点峰值加速度（gal）

测点编号 \ 组次	1	2	3
N1	1.53	2.85	2.76
N2	2.39	3.04	3.14
N3	1.94	2.88	2.81
N4	1.10	2.14	1.93
N5	1.54	2.94	2.44

由测试结果可知：

① 小队人群散步走情况下，各测点的峰值加速度结果均很小，相邻区域楼板的振动较小，峰值加速度不超过容许的限值（15gal）。

② 小队人群散步行走时，不同测点所得到的峰值加速度结果较为接近。这表明人群的行进方向对相邻楼板及休息区的振动响应影响较小。

③ 在小队人群散步行走下结构楼板及其相邻休息区楼板均处于小幅振动状态。

④ 通行区楼板（B4 号板）中小队人群的随机散步运动对其相邻的休息区楼板的落座乘客的振动舒适度影响很小。但是大队人群的散步运动的影响则值得进一步研究。

工况 2 下 B4 号楼板各测点的峰值加速度结果如表 3.9 所示。

工况 2 下 B4 号楼板人群齐步行走时各测点峰值加速度（gal）　　　表 3.9

组次 测点编号	1	2	3
N1	1.90	1.97	2.74
N2	2.14	2.27	4.14
N3	2.00	2.16	3.78
N4	0.98	1.18	2.33
N5	1.87	1.72	1.56

测试结论如下：

① 小队人群齐步走情况下，各测点的峰值加速度结果均很小，相邻区域楼板的振动较小，峰值加速度不超过容许的限值（15gal）。

② 小队人群齐步行走时，不同测点所得到的峰值加速度结果较为接近。这表明人群的齐步行进方向对相邻楼板及休息区的振动响应影响较小。结构楼板及其相邻休息区楼板均处于小幅振动状态。

③ 通行区楼板（B4 号板）中小队人群的齐步运动对其相邻的休息区楼板的落座乘客的振动舒适度影响很小。

工况 3 下 B4 号楼板各测点的峰值加速度结果如表 3.10 所示。

工况 3 下 B4 号楼板人群跑步前进时各测点峰值加速度（gal）　　　表 3.10

组次 测点编号	1	2	3	4	5	6	7	8
N1	4.42	5.62	5.32	5.02	8.78	4.80	10.64	4.47
N2	4.72	4.81	4.47	5.43	6.55	3.84	6.27	3.75
N3	4.30	5.41	5.18	5.01	8.00	4.58	9.76	5.04
N4	2.88	2.75	2.14	2.47	4.66	2.27	6.91	2.39
N5	4.64	4.22	5.63	4.71	4.83	3.63	4.26	3.93

测试结论如下：

① 小队人群跑步前进时，相邻楼板不同测点所得到的峰值加速度结果较为接近。这表明人群的跑步前进方向对相邻楼板及休息区的振动不存在明显差异。

② 小队人群跑步前进情况下，各测点的峰值加速度结果明显大于散步走和齐步走情况下的加速度峰值结果。对相邻区域楼板的振动虽然仍不大，不超过容许的加速度限值（15gal），但是部分工况下的结果已经接近于限值。

③ 人群跑步走对本区域楼板的振动舒适度有非常显著的影响，而对周边相邻楼板的振动舒适度有一定程度的影响。

④ 小队人群的跑步运动对其本身区域和相邻的休息区楼板的振动舒适度影响差异明显。可以预计大队人群的跑步运动（如检票进站时）对自身楼板和相邻楼板运动的影响将比较显著。

⑤ 对比不同工况下的测试结果可知：休息区楼板的振动舒适度状况主要由该区域的人群齐步运动和相邻通行区域人群的跑步运动激励所控制。而对于通行区域（如 B4 号板）而言，其楼板竖向振动主要由该区域的人群运动状况所控制。

(2) 实测结果表明：

① 控制楼盖竖向舒适度的人群荷载为人群齐步走和人群跑步前进时，当人群荷载频率与楼盖第一自振频率相近（如 B4 区域为 3～4Hz）时，竖向加速度最大。

② B4 竖向第一频率为 3.7Hz，其最大加速度峰值为 10.64gal，可以证明，当楼盖竖向振动频率为 3.3Hz 时，其最大加速度峰值为 15gal 左右。

3.5 "桥建合一"高铁车站大跨度钢结构楼盖舒适度研究

武汉理工大学谢伟平、中南建筑设计院周德良等开展"桥建合一"高铁车站大跨度钢结构楼盖舒适度研究，主要研究成果如下：

1. 采用理论分析＋数值模拟＋现场检测的研究方法，提出了基于舒适度评价的大跨度楼盖结构精细化模型构建方法。

2. 大柱距钢结构候车厅楼盖竖向舒适度的评价标准可采用竖向峰值加速度，其限值宜采用 $0.015g$。

3. 理论分析和现场实测均表明：若楼盖结构竖向自振最低频率大于 3.3Hz 时，则在人行荷载作用下，楼盖竖向加速度小于 $0.015g$。

楼盖结构的一阶竖向自振频率与人致振动峰值加速度之间的关系可近似表示为：

$$a_{peak} = 2.4679f^2 - 23.689f + 66.199 \tag{3.8}$$

式中：a_{peak}——结构的最大竖向峰值加速度（gal）；

f——结构的竖向一阶自振频率（Hz）。

4. 根据旅客候车厅人群活动特点，确定对楼盖舒适度有较大影响的人群活动工况如下：1) 人群齐步走（1.5～2.5Hz）；2) 集体起立；3) 集体慢跑和快跑；4) 集体跳跃。

理论分析和现场实测均表明：控制楼盖竖向舒适度的控制工况为：1) 接近楼盖竖向自振频率的齐步走和齐步跑；2) 接近楼盖竖向自振频率的集体跳跃；3) 集体起立不起控制作用。

5. 根据现场实测和理论计算结果的分析与对比，作为楼盖舒适度分析所采用的楼盖结构竖向自振频率的计算中，相关参数取值应考虑如下影响。

1) 主动人群（活动人群）为活载，被动人群（坐立人群）需考虑其质量、刚度和阻尼的影响。

2) 在结构分析模型中，钢次梁两端一般为铰接，但舒适度分析时结构处于"微振"状态，应考虑次梁两端的约束刚度。

3) 非结构构件的刚度贡献

楼盖面层一般为砂浆＋面砖，应考虑面层对楼盖竖向刚度的贡献，可将面层按等刚度折算为混凝土计入楼板中。

6. 在楼盖舒适度不满足要求时，一方面可以通过提高楼盖结构刚度的方法加以解决；另一方面采用 TMD 消能减振可以有效地提高楼盖的舒适度，且具有较好的经济技术指标。为确保 TMD 减振效果，宜在进行现场检测后确定 TMD 的相关参数，TMD 的弹簧刚度应预留一定的调整范围；TMD 装置的质量应与减振范围内结构的质量相匹配；TMD 装置应布置于结构变形和振动较大处，如梁跨中部位。

第 4 章

大跨度钢结构楼盖减振技术

4.1 高架大跨度钢结构候车厅楼盖 TMD 减振设计与研究

4.1.1 TMD 减振原理

TMD（Tuned Mass Damper）即调频质量阻尼器，是结构被动减振控制体系的一类，它由主结构和附加在结构上的子结构（固体质量和弹簧减振器等）组成。通过调整子结构的自振频率，使其尽量接近主结构的基本频率或激励频率。当主结构受激励而振动时，子结构就会产生一个与结构振动方向相反的惯性力作用在结构上，使主结构的振动反应衰减并受到控制。调频质量阻尼器减振控制存在有效控制的激励频宽问题，一般来说，装设一个子结构，只能对以某个频率为主（卓越频率）的外部激励进行有效减振控制。TMD 系统的自振频率取决于弹簧减振器的有效刚度 k_d，弹簧减振器的有效刚度可通过调节弹簧丝直径、中径、节距、有效长度、有效圈数和单圈刚度来实现；TMD 系统的阻尼 C_d 由黏滞阻尼器提供，其值及 TMD 系统调频质量 m_d 的大小根据计算确定。图 4.1 是等效的单质点主结构在外部激励 $P(t)$ 作用下的 TMD 减振原理示意图，

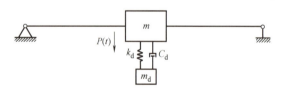

图 4.1 单质点主结构的 TMD 减振原理

可直观地反应本工程的消能减振设计原理。图 4.2 和图 4.3 给出了 TMD 减振系统示意图。

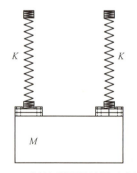

图 4.2 调频质量阻尼器示意图

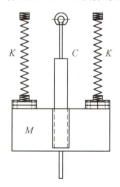

图 4.3 减振系统示意图

4.1.2 大跨度钢结构楼盖 TMD 减振机理

附加竖向 TMD 的多自由度系统在竖向人群荷载作用下的动力方程可以表示为：

$$[M]\{\ddot{x}\}+[C]\{\dot{x}\}+[K]\{x\}=[F] \qquad (4.1)$$

式中：$[M]=\begin{bmatrix} M_s & 0 \\ E^T M_d & M_d \end{bmatrix}$；$[C]=\begin{bmatrix} C_s & -EC_d \\ 0 & C_d \end{bmatrix}$；$[K]=\begin{bmatrix} K_s & -EK_d \\ 0 & K_d \end{bmatrix}$；$\{x\}=\begin{Bmatrix} \{x_s\} \\ \{x_d\} \end{Bmatrix}$；$[F]=\begin{Bmatrix} f(t) \\ 0 \end{Bmatrix}$；

M_s、C_s、K_s——分别为主结构的质量、阻尼和刚度矩阵；

M_d、C_d、K_d——分别为 TMD 的质量、阻尼和刚度矩阵；

$\{x_d\}$——各 TMD 相对主结构的位移向量，仅为竖向分量，水平分量为零；

E——TMD 作用位置矩阵，分析时需要按照 TMD 实际布置进行调整；

$f(t)$——人群激励动力荷载的时程。

4.1.3 大跨度钢结构楼盖 TMD 减振设计方法

从模态分析和人群荷载下楼盖动力时程分析可知，大跨度楼盖往往有数组竖向振型，每组振型都含有几个相近的振型并且较为密集，而这数组振型的中心频率离散较大，因此对这种结构有必要采用 TMD 减振系统，从而增强控制系统的鲁棒性。

人群荷载作用下大跨楼盖加速度峰值分布规律与结构振型和荷载步频有密切联系，且大量研究表明 TMD 减振效果亦与这两者相关。要控制楼板的竖向振动，需要对这数组振型都进行控制，针对每组振型选取相应的 TMD，各组 TMD 的中心频率与要控制的那组振型的中心频率对应。设置每组 TMD 系统都存在参数优化的问题，具体参数包括频率比、频带宽度、阻尼比、质量比等。针对 TMD 系统特点以及大跨楼盖的动力特性，建议该类结构在人群荷载激励下采用以下方法进行楼盖振动舒适度 TMD 减振系统设计：

1. 建立结构整体有限元模型。如能确定需减振楼盖的边界条件，可仅建立楼盖有限元模型以减小工作量。

2. 进行动力特性分析，得到需减振楼盖的各竖向振型，并对其中质量参与系数较大的振型的频率进行分组，得到影响结构竖向振动较大的几组振型。

3. 结合工程设计图，根据前面所得的几组振型和人群荷载作用下的结构响应分布规律来确定 TMD 的布置位置、分组和初始频率。

4. 进行人群荷载激励下大跨度楼盖 TMD 减振分析，并根据各工况减振效果调整各组 TMD 的参数，基本原则是各 TMD 频率调整范围在该组 TMD 中心频率与人群荷载激励频率之间。

5. 确定理论较优参数，并根据工程实际情况进行合理的调整，并再次进行减振分析得出结果。

4.1.4 长沙南站 49m 跨高架层楼盖 TMD 减振设计[2]

1. 经过多次分析与计算，在 49m×191.25m 区域内高架层楼盖共布置 56 套多点黏滞性阻尼器（TMD）减振装置，每套减振装置主要由 4 根弹簧、质量块和黏滞流体阻尼器组成，其结构简图见图 4.4。减振装置布置于每榀 49m 跨桁架的跨中部位，见图 4.5，减振装置参数见表 4.1。

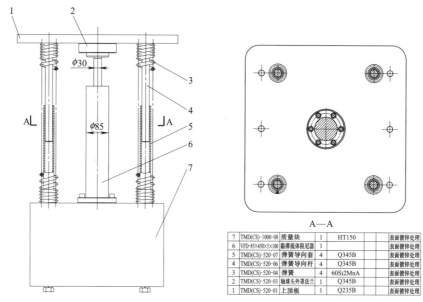

图 4.4 可调节刚度调谐质量阻尼器

减振系统计算参数 表 4.1

减振系统编号	弹簧刚度（N/m）（单根弹簧）	质量块质量（kg）	调频频率（Hz）	阻尼器参数			
				阻尼指数	阻尼系数（N·s/m）	最大行程（mm）	最大输出力（kN）
TMD1	40644±15%	800	2.27	1	1000	±50	8
TMD2	57501±15%	800	2.7				
TMD3	34784±15%	800	2.1				
TMD4	61622±15%	1000	2.5				
TMD5	43480±15%	1000	2.1				

注：表中弹簧刚度考虑理论与实际的误差，预留±15%的调整范围。

减振后相应人行荷载工况下楼盖竖向加速度最大幅值见表 3.5，减振前后各工况下典型的结构竖向振动加速度时程曲线见图 4.6。

2. 人行荷载下楼盖 TMD 减振分析结论

1）安装 TMD 后，各种人行荷载工况下，激励的步频越接近结构的固有频率，加速度峰值降低越多。

2）工况 A（人行荷载）：减振前，步行频率为 1.7Hz 和 2.0Hz 时加速度最大幅值较小，小于人体舒适度限值；步行频率为 2.3Hz 时加速度最大幅值较大，最大达到 319mm/s^2；减振后，最大加速度最大幅值为 129mm/s^2，小于舒适度限值，满足设计要求。不同步行频率的减振效果不同，步行频率为 1.7Hz 和 2Hz 时加速度减振率变化较大，但平均减振率相对较低；步行频率为 2.3Hz 时加速度最大幅值减振率较均匀，减振率为 43%～69%，平均减振率达 50% 以上。减振率定义如下：减振率=（原结构数值－减振结

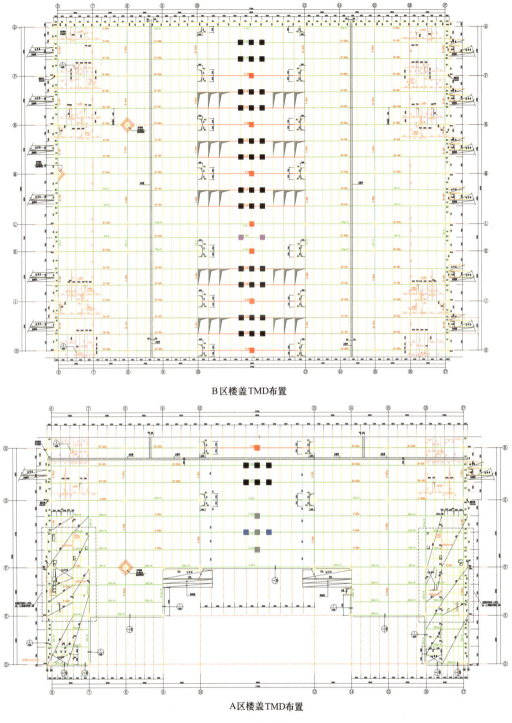

B区楼盖TMD布置

A区楼盖TMD布置

图 4.5 楼盖 TMD 布置图
注：图中方块为 TMD。

构数值）/原结构数值。

3）工况 B（起立荷载），加速度最大幅值较小；减振效果较小，但最大亦可达53%。

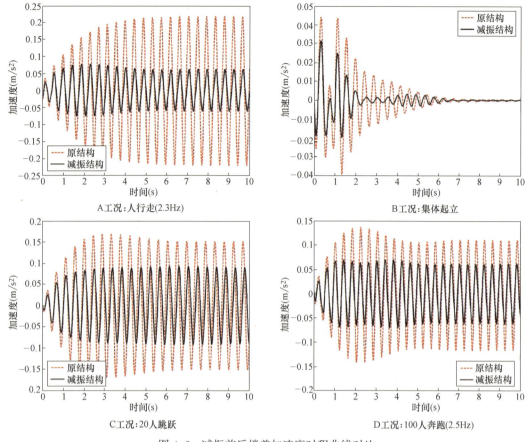

图 4.6 减振前后楼盖加速度时程曲线对比

4）工况 C（20 人跳跃），加速度最大幅值较大，减振率为 42%～54%。

5）工况 D（100 人奔跑），在加载频率为 2.5Hz 时加速度最大幅值较大，减振效果亦较好，平均减振效果达 40%。

各种工况下，楼盖最大加速度最大幅值仅为 $137mm/s^2$，满足楼盖舒适度的要求。

3. 列车致振高架层楼盖竖向加速度最大幅值

列车在承轨层正线高速通过时，位于正线上方的高架层楼盖各测点的竖向振动加速度的最大峰值如表 4.2 所示。

正线区域列车激励下竖向振动加速度时程中加速度最大幅值（mm/s^2）　　表 4.2

工况	测点 1	测点 2	测点 3	测点 4	测点 5
列车上行 340km/h	70	62	75	76	93
列车下行 340km/h	65	66	—	56	71
列车上行 350km/h	66	57	72	64	79

从表 4.2 中可以看出，正线区域楼盖振动加速度幅值的最大值为 $93mm/s^2$，满足舒适度要求。在运营阶段，于 2010 年 3 月 7 日下午 4 点左右，测得各测点的列车致振楼盖加速度时程曲线，当时正线区域楼盖约有 100 人（准备做人振测试），该工况属于不利工况，各测点的结果如表 4.3 所示。

运营阶段正线列车通过时列车致振楼盖竖向加速度最大幅值（mm/s²）　　表4.3

工况	测点1	测点2	测点3	测点4	测点5	测点6
工况1	71	93	89	73	91	71
工况2	66	79	69	62	90	82

注：列车通过时的速度不详。

检测结果表明，在列车高速通过时，正线区域楼盖的振动加速度最大幅值为91mm/s²，满足舒适度的要求（此时已设置TMD减振器）。

4. 人行荷载致振楼盖竖向加速度检测

在结构减振前后，对人群以原地踏步、齐步走和齐步跑等工况作用下的楼盖测点动力时程曲线进行检测，检测结果如表4.4、表4.5所示。

人行荷载作用下轴K~L高架层楼盖竖向振动加速度最大幅值（mm/s²）　　表4.4

工况	测点1	测点2	测点3	测点4	测点5	测点6
12×8人原地踏步 1.5Hz	28(33)	25(56)	(68)	21(51)	32(46)	(40)
12×8人原地踏步 2.0Hz	36(44)	35(60)	(75)	25(48)	63(60)	(52)
12×8人原地踏步 2.5Hz	43(51)	41(69)	(71)	53(46)	68(65)	(54)
12×8人原地踏步 3.0Hz	125(81)	122(99)	(101)	(71)	139(79)	(91)

注：1. 括号内为减振后的数值；
2. 检测时该区域已铺设建筑面层。

人行荷载作用下轴P~Q高架层楼盖竖向振动加速度最大幅值（mm/s²）　　表4.5

工况	测点1	测点2	测点3	测点4	测点5
9×10人原地踏步 1.5Hz	40(48)	57(79)	126(115)	62(82)	19(44)
9×10人原地踏步 2.0Hz	33(59)	76(77)	196(108)	95(82)	23(48)
9×10人原地踏步 2.5Hz	52(69)	69(102)	225(133)	111(101)	35(67)
9×10人齐步走 1.5Hz	29(28)	44(27)	126(38)	49(34)	18(43)
9×10人齐步走 2.0Hz	34(70)	56(71)	189(89)	95(68)	29(59)
9×10人齐步走 2.5Hz	38(54)	72(57)	293(78)	134(70)	38(41)
2×49人原地踏步 1.5Hz	21(23)	42(44)	91(60)	76(67)	30(40)

续表

工况	测点1	测点2	测点3	测点4	测点5
2×49人原地踏步 2.0Hz	23(26)	55(41)	164(75)	118(69)	37(59)
2×49人原地踏步 2.5Hz	37(38)	70(59)	171(87)	186(79)	55(52)
2×10人齐步跑 3.0Hz	107(141)	180(122)	385(133)	277(119)	81(45)

注：1. 括号内为减振后的数值；
  2. 在减振前检测时该区域楼盖尚未铺设建筑面层；减振后检测时已铺设建筑面层。

在结构减振后，增加了2×49人齐步走和齐步跑等几个工况的检测，其结果如表4.6所示。

人行荷载作用下轴P～Q高架层楼盖竖向振动加速度最大幅值（mm/s^2） 表4.6

工况	测点1	测点2	测点3	测点4	测点5
2×49人齐步走 1.5Hz	18	25	42	35	18
2×49人齐步跑 3.0Hz	235	209	247	240	115
2×10人齐步走 1.5Hz	13	12	24	17	15

需要指出的是，由于场地的限制，在使用过程中，一般不会出现2×49人以3.0Hz齐步跑的工况（即在人数多时，不可能以较快速度跑），该工况检测的主要目的是了解结构振动的极端情况。

5. 现场检测结论

1）采用TMD减振前，楼盖在多种人行荷载工况作用下，大跨度楼盖竖向振动加速度最大幅值超过$0.015g$，不能满足楼盖舒适度的要求。

2）采用TMD减振后，楼盖在多种人行荷载工况作用下，大跨度楼盖竖向振动加速度最大幅值均小于$0.015g$（$150mm/s^2$），满足楼盖舒适度的要求。

3）采用TMD减振后，楼盖各测点振动加速度最大幅值较减振前更加均匀，且减振前幅值越大，减振率也越大，符合TMD减振原理，表明TMD有效地发挥作用。

4）TMD减振效果明显。减振前多工况下楼盖振动加速度最大幅值大于$150mm/s^2$，最大为$385mm/s^2$（2×10人齐步跑3.0Hz）；减振后，最大加速度幅值均小于$150mm/s^2$，除9×10人2.5Hz原地踏步时最大为$133mm/s^2$、2×10人3.0Hz齐步跑时最大为$141mm/s^2$外，其余均小于$100mm/s^2$。说明TMD设计达到了预期的效果。

5）在减振区域TMD的总造价相当于$11.5kg/m^2$用钢量，具有良好的经济效益和社会效益。

4.2 跨层楼盖减振技术

4.2.1 杭州东站大跨度实腹钢梁楼盖结构

1. 楼盖概况

受建筑层高和净空要求限制，跨度超过40m仍采用实腹钢梁楼盖，楼盖经济性和竖向舒适度均较差（尤其双向柱距均较大时），为此，在结构上需采取一些措施。

杭州东站商业夹层楼面平面呈U字形，与高架层楼面之间高差（即商业夹层层高）为8.3m。楼盖柱均为斜柱，往南北两个方向分别倾斜约16°和19°，夹层下净空高度大于5.5m。

2. 楼盖结构选型

U形平面除周边梁高2.5m外，其余梁的结构高度为1.85m，梁上混凝土楼板厚100mm。根据梁高和柱距，楼盖结构采用实腹钢梁（次梁为蜂窝梁）+钢管柱结构，空调管道布置在1.85m高的梁下，并在2.5m高的周边框架梁腹板上设孔穿过。最大柱网46.55m×38.262m处楼盖结构布置见图4.7、图4.8。

框架梁采用翼缘板外挑的箱形截面，材料采用Q420GJC，次梁采用双向井字梁布置方式，次梁截面为H1850×300×14×20～30，为蜂窝梁，材料为Q345C，井字次梁双向间距为3～5m，次梁相交处为刚接，次梁与箱形框架梁同样刚接连接，以提高楼盖的竖向刚度，楼板采用100mm厚的钢筋混凝土平板以减小楼盖结构高度，采用闭口形压型钢板作模板。

实腹钢梁截面较高，为了减少结构用钢量，腹板壁厚较薄，为保证腹板的局部稳定性，梁高为1850mm的次梁和2500mm的框架梁均设置两道纵向加劲肋，加劲肋设置于靠近梁翼缘的区域（腹板在该高度范围内受压）并在与其他梁相连处设置横隔板（兼作连接板），梁高为1850mm的框架梁，由于腹板较厚，仅设置一道纵向加劲肋，见图4.7。所有加劲肋的刚度均满足文献[4]的要求。

3. 摩擦滑动型摇摆柱跨层减振技术

1) 与跨度为46.55m的商业夹层所对应的下部高架层楼盖，柱距与商业夹层相同，采用钢桁架结构高架层钢桁架的中心距为2.8m，高跨比为1/16.6，竖向刚度也较弱。分析表明，若采用在下部高架层钢桁架上设置梁上柱减小商业夹层梁跨度的结构布置方案，则该区域高架层的承载力和竖向刚度均难以满足设计要求且经济性较差。

由于梁高跨比较小，虽然采用井字梁楼盖，楼盖竖向刚度仍偏小，分析表明，夹层楼盖的最小竖向振动频率为2.0Hz，根据净空要求，商业夹层楼盖难以布置TMD。

2) 为提高商业夹层楼盖竖向刚度，在夹层结构施工完成后，在商业夹层大跨度楼盖区域对应的高架层楼盖处设有墙体的适当部位设置小截面钢柱，将商业夹层与下部高架层楼盖连接起来，该小钢柱与商业夹层楼盖采用固定铰连接；与高架层之间采用摩擦型高强度螺栓滑动连接（长圆孔）。即在商业夹层微振的情况下，通过钢柱滑动连接的摩擦力，利用下部高架层楼盖的刚度来提高商业夹层的楼盖刚度和舒适度；当商业夹层楼盖出现强烈振动或承受极限荷载时，一端滑动连接的摇摆柱会产生滑动，避免将商业夹层楼盖的较大荷载传至下部高架层。理论分析表明，在不考虑楼板作用的前提下，设置小截面钢柱后，人行荷载作用下，商业夹层楼盖竖向振动频率从2.0Hz提高至2.44Hz。

3) 一端摩擦型滑动连接的摇摆柱作用原理

楼盖人行荷载和下部承轨层列车振动引起的大跨度钢楼盖的竖向振动属于微振，考虑楼盖舒适度的楼盖人行荷载约为$0.70kN/m^2$，远小于商业楼盖结构承载力设计中所采用的活载标准值$4kN/m^2$，该摇摆柱下部滑动摩擦端可以承受商业楼盖约$1.5kN/m^2$的楼盖活载，当楼盖活载超过$1.5kN/m^2$时，摇摆柱与下部楼盖连接端会产生滑动，消除摇摆柱内力，避免将过大的商业夹层楼盖活载传至下部支承楼盖（即高架层楼盖），在设计下部高架层楼盖时，考虑附加的$1.5kN/m^2$的活载；而商业夹层结构承载力设计时，则不考虑摇摆柱的作用。这样，在人行荷载作用下，商业夹层楼盖与下部高架层楼盖共同工作，提高商业夹层的竖向刚度和舒适度。现场检测表明，在人行荷载和下部承轨层列车荷载作用下楼盖竖向舒适度满足规范要求。

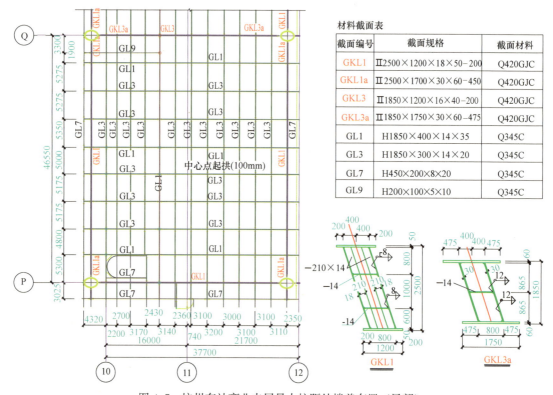

图4.7 杭州东站商业夹层最大柱距处楼盖布置（局部）

4.2.2 郑州东站78m跨商业夹层楼盖跨层减振技术

1. 楼盖布置概况

商业夹层位于站房东、西两侧，每侧楼面呈U形布置，最大柱网尺寸为27.5m（横向）×78.0m（纵向）。在78m跨及其相邻跨区域采用上下弦的中心距为3.35m，桁架高跨比为1/23.3的钢桁架，该钢桁架竖向刚度较小，同时受荷面积又很大，见图4.9。楼盖竖向舒适度难以满足设计要求。

2. 柱距为 27.5m×78.0m 楼盖结构布置

1）按间距为 5.5m 左右布置跨度为 78m 的钢桁架作为楼盖次梁并延伸至相邻短跨（跨度为 39.15m），提高楼盖的竖向刚度，如图 4.9 所示。

2）为提高轴 A（X）处 78m 跨框架桁架的承载力和结构竖向刚度，根据宽扁梁结构的受力特性，加大该轴处与柱相连的两榀 78m 跨框架桁架（桁架水平间距为 3.25m）的构件截面，并通过刚系杆和桁

图 4.8　杭州东站商业夹层楼盖施工阶段局部

架间的垂直支撑将该两榀桁架相连，形成刚度较大的空间钢桁架结构。

3）鉴于在轴 18、19 交轴 B（W）处有落地的柱，在轴 18、19 处设置两榀跨度为 27.5m 的横向主桁架（ZHJ-9），将荷载传至轴 A（X）处的空间钢桁架和轴 18、19 交轴 B（W）处的柱上。ZHJ-9 在 A（X）空间桁架外水平分叉以便与边桁架（BHJ-1）相连，如图 4.9 所示。

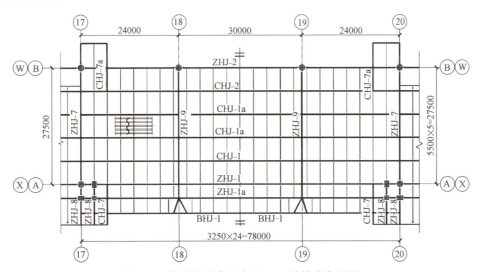

图 4.9　郑州东站商业夹层 78m 跨楼盖布置图

3. 利用幕墙结构将楼盖钢桁架与屋盖结构相连，提高楼盖竖向刚度

支承立面幕墙的三向网格结构作为腹杆，高架层夹层楼面钢桁架（即图 4.9 中的 BHJ-1）和屋盖钢管桁架分别作为下弦杆和上弦杆，形成跨层桁架，立面如图 4.10 所示。

1）根据建筑幕墙布置要求，桁架端部采用高为 3.75m 的"目"字形实腹截面，提高下弦杆的抗剪和抗弯能力。

2）78m 跨层桁架的两端上、下弦分别与横向框架桁架的悬挑端相连，框架桁架的跨度分别为：下弦杆处：27.5m（单跨）＋6.5m（悬挑）；上弦杆处：27.5m（单跨）＋14m（悬挑）。为提高悬挑桁架的承载力并减小跨层桁架支座处的变形，在框架桁架的悬挑段及单跨桁架与柱连接区域的几个节间处，均采用高为 3.75m 的"目"字形实腹截面

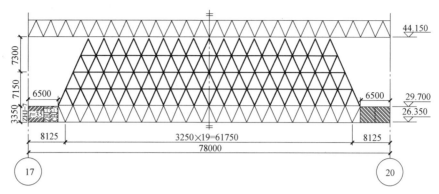

图 4.10 跨层桁架立面图

支承跨层桁架。跨层桁架的端部剪力大部分由下弦标高处的横向桁架承担。跨层桁架及夹层楼盖桁架线实体模型如图 4.11 所示。

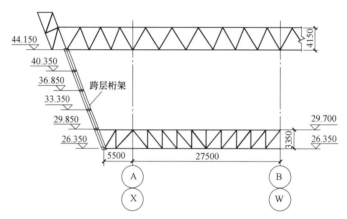

图 4.11 跨层桁架横剖面图

3) 跨层桁架上下弦之间三向网格结构中的构件均采用类似菱形截面,如图 4.12、图 4.13 所示。满足设计所需平面外强度和刚度要求;同时作为外露结构,需满足建筑外形的要求,达到结构即建筑的目标,使之成为郑州东站的"亮点",如图 4.14、图 4.15 所示。

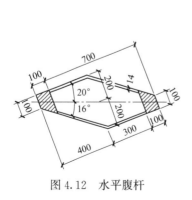

图 4.12 水平腹杆

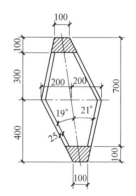

图 4.13 斜腹杆

4)为确保跨层结构安全,在结构设计时,分别按考虑跨层桁架共同作用和不考虑共同作用进行计算和包络设计。

4. 建成后,在商业夹层进行人行荷载下的楼盖舒适度监测,竖向峰值加速度为 $0.1011m/s^2$,满足 0.15gal 的要求[3]。

5. 鉴于幕墙结构作为主体结构的一部分,整体结构进行抗震性能化分析,使结构具有良好的抗震承载力。

图 4.14 施工中的郑州东站商业夹层幕墙

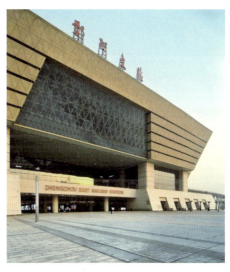

图 4.15 投入使用时的郑州东站商业夹层幕墙

6. 东西立面幕墙成为郑州东站的"点睛之笔"。

第 5 章

大跨度复杂钢屋盖结构设计

5.1 杭州东站新型屋盖结构

5.1.1 主站房工程概况

铁路杭州东站为国内铁路枢纽站房，由主站房和站台雨棚组成，是国内唯一一座集站房、国铁、地铁及磁悬浮于一体的"桥建合一"枢纽高铁站房，总建筑面积约为 32 万 m^2，于 2013 年 7 月 1 日正式投入使用，建成后的杭州东站见图 5.1。

图 5.1 杭州东站鸟瞰（实景）

主站房最大平面尺寸为 285m（顺轨向）×550m（垂轨向），地上 2 层（局部 3 层）、地下 1 层（局部 3 层）框架结构，其顺轨向（为南北向）立面和剖面见图 5.2。

地下一层以下为地铁结构，地铁结构与主站房共柱，将站房结构与地铁结构连为整体（当时属国内首次）。地下一层为国铁出站厅、联系通道以及设备和商业用房，建筑地面标高为 -11.200m，层高为 11.2m；首层为承轨层，由国铁承轨层、磁悬浮和线侧站房组成，层高为 10.0m；二层为候车厅层，其上部大部分为屋面，局部为三层商业夹层；商业夹层位于站房东、西侧，平面均呈 U 形，楼面标高为 18.300m；屋面为圆弧形，最高点标高为 39.900m，最低点标高为 22.050m。

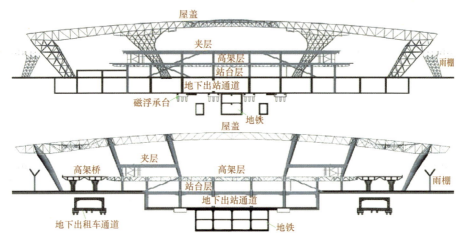

图 5.2 杭州东站沿顺轨向立面和剖面

5.1.2 主站房屋盖新型结构选型及其受力特点

1. 主站房屋盖结构的特性

1) 屋盖平面尺寸为 285m×550m，框架柱均为斜柱，最大柱距为 111m，柱倾斜度为 16°~36°，柱高为 27.47~32.67m。

2) 屋盖荷载较大：除屋面板体系荷载外，绝大部分屋盖上布置自重为 $0.2kN/m^2$ 的太阳能板，太阳能板的面积约为 10 万 m^2，为国内最大太阳能板单体建筑；屋盖均匀、对称布置 18 个下凹采光顶，考虑积水荷载，采光顶区域活载为 $3kN/m^2$，远大于一般屋盖 $0.5~0.7kN/m^2$ 的活载。

3) 屋盖结构柱及结构平面布置在平面上基本呈双轴对称。

2. 主站房屋盖结构选型及特点

经过多方案比选，采用建筑数字技术，将建筑形态和结构合理受力充分结合，屋盖结构采用新型的"下小上大异形变截面超长斜格构柱和斜钢管柱＋双向矩形大跨度拱形钢管桁架和单层网壳组合的巨型复杂大面积空间框架结构"，属国内外首创，结构受力合理，与建筑形态高度吻合，达到"结构即建筑"的效果，获得了良好的经济效益和社会效益。

1) 框架柱采用"下小上大异形变截面超长斜格构柱与斜钢管柱"，顺轨向屋盖梁高度从跨中到梁柱节点处逐渐加大，框架桁架与下小上大的钢管柱、钢管格构柱形成具有"竖向加腋"的"巨型桁架框架梁柱节点"的框架结构。

2) 屋盖所有柱均为斜柱，且斜柱平面布置双向对称，屋盖结构斜柱在屋盖水平结构内产生"张力效应"。

3) 巨型框架节点、框架梁端部竖向加腋、空间桁架框架梁以及对称布置的斜柱框架结构的"张力效应"构成了屋盖框架结构的主要受力特点。

4) 整体屋盖结构中采用空间和平面相贯节点钢管桁架和单层网壳组合而成的空间结构，结构受力及空间作用效应较为复杂也是屋盖整体结构的主要受力特点，对该新型结构承载力、刚度和受力特点需作全面的分析与研究。

5) 屋盖结构与建筑形态完全拟合，将建筑装饰构件减至最少，降低装饰难度、造价以及建筑综合造价,确保建筑形态的稳定性和耐久性,提高建筑形态的完成度和建筑使用安全度,降低站房运维成本,结构具有良好的经济效益和社会效益。

3. 研究的主要内容

根据上述屋盖结构布置及受力特性,对屋盖结构的研究主要侧重于结构的非线性整体稳定、对不均匀荷载作用的敏感性、抗连续倒塌能力以及结构使用性能。

4. 研究的技术路线

采用理论分析与结构试验、结构健康监测相结合的方法,针对研究内容,在理论分析的基础上,进行屋盖整体结构试验、复杂节点试验、持续8年的结构施工阶段和运营阶段的结构健康监测,对屋盖结构的受力特性作出系统、全面的分析、研究和评价,为类似结构的应用提供科学依据。

5.1.3 屋盖柱

框架柱的无支长度为30m左右,具体几何参数详见表5.1,其立面形状和平面布置如图5.2、图5.3所示,图5.4为施工阶段屋盖结构。

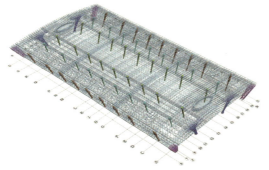
图5.3 屋盖结构

图5.4 施工中的屋盖结构(立面)

根据结构布置及柱相关参数,屋盖结构柱分为5种类型,屋盖站房东、西两侧立面框架柱(线侧柱)为下小上大的异形截面钢管格构斜柱(称为GKZ4、GKZ5),该区域最大柱距为111m,屋盖结构除钢管桁架外,尚布置荷载很大的下凹单层网壳顶,结构受力极其复杂;其余区域框架柱(轨间柱)的最大柱距为84m,根据铁路轨间限界要求,结合与下部结构连接及站房运维的要求,采用下小上大异形截面钢管柱(GKZ1~GKZ3),各柱主要参数见表5.1,柱形态见图5.5、图5.6。

屋盖柱形式及相关参数   表5.1

柱编号及类型	柱中心线与垂直线(Z向)的夹角	柱截面基本形状	柱截面尺寸(mm)		柱无支长度(m)
			柱底	柱顶	
GKZ1(实腹钢管柱)	16°	准椭圆形	$\phi 2192 \times 1512 \times 50$	$\phi 3600 \times 2692 \times 40$	29.42
GKZ2(实腹钢管柱)	19°	准椭圆形	$\phi 2192 \times 1524 \times 50$	$\phi 3360 \times 2554 \times 40$	27.47
GKZ3(实腹钢管柱)	30°	准椭圆形	$\phi 2144 \times 1170 \times 40$	$\phi 5808 \times 4928 \times 25$	32.67

续表

柱编号及类型	柱中心线与垂直线（Z向）的夹角	柱截面基本形状	柱截面尺寸(mm)		柱无支长度(m)
			柱底	柱顶	
GKZ4(钢管格构柱)	36°	橄榄形	5603(纵)×1761(横)	18492(纵)×6680(横)	31.93
GKZ5(钢管格构柱)	34°	准矩形	8685(9602)(纵)×5987(5862)(横)	14137(16335)(纵)×9392(9608)(横)	30.72

(a) 钢管柱GKZ1和GKZ2

(b) 钢管柱GKZ3

图 5.5 下小上大异形截面钢管柱

5.1.4 屋盖结构

屋盖结构的柱距：顺轨方向为 35～84～111m；垂直于轨道方向为 25.55～43～68.55m。

1. 屋盖框架桁架结构

双向框架钢管桁架均采用由两榀竖向平面钢管桁架组成的矩形空间钢桁架，空间框架桁架的宽度为5m，形成类似"宽梁"的空间桁架框架梁，不仅提高屋盖框架梁的刚度，而且方便框架桁架与钢管柱的连接。顺轨向最大跨度处空间钢桁架高度从跨中区域的3.5～4.4m逐渐变为端部框架柱处的7m左右，变截面高度框架桁架类似于"端部竖向加腋"梁，与截面尺寸较大的框架斜柱构成"巨型框架梁柱节点"，可以有效提高屋盖结构

(a) 施工阶段钢管格构柱GKZ4、GKZ5

(b) 钢管格构柱GKZ4、GKZ5

图 5.6 钢管格构柱

竖向和侧向刚度，使之满足规范的要求，如图 5.7 所示。若框架桁架高度均为 3.5m，跨度为 111~84m，则框架梁跨高比为 31.7∶1~24∶1，对于荷载及受荷面积均很大的框架桁架，其竖向及结构侧向刚度均难以满足规范要求。

2. 次桁架结构

鉴于屋盖顺轨向柱距远大于垂轨向柱距并结合屋面采光天窗设置，屋盖沿顺轨向布置平面次桁架，次桁架之间设置水平和竖向支撑，提高屋盖整体性，同时，在采光区域之间的平面桁架之间仅设置少量水平支撑，尽量减少支撑对屋盖条状采光带的影响，条状采光窗布置局部见图 5.8。

图 5.7 屋盖钢管柱与钢桁架典型节点　　图 5.8 屋盖条状采光带（局部）

3. 下凹椭圆形屋盖结构

屋盖结构平面东、西两侧柱距最大部位设置下凹的椭圆形的采光顶,其长、短轴尺寸分别为 52.5m 和 18.55m,采用单层网壳结构,构件截面均为 250mm×120mm×16mm,单层网壳支承于周边钢桁架结构上,见图 5.9、图 5.10。设计中采用溢流装置(积水高度最大为 300mm),该区域的活载标准值为 3kN/m²。

图 5.9 椭圆形采光单层网壳

图 5.10 椭圆形采光单层网壳区域结构

单层网壳与钢管桁架之间刚度相差较大,相互之间的空间作用较弱。另外,平面南北两侧,分别布置 8 个下凹采光天窗,同样具有荷载大、刚度弱,不利于屋盖结构空间作用的特点,该下凹采光天窗见图 5.11。

4. 幕墙荷载

屋盖周边设置高度为 20 多米的斜幕墙结构,幕墙恒载对屋盖结构产生较大的水平拉力,见图 5.11。

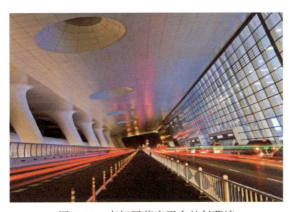
图 5.11 高架层落客平台处斜幕墙

5.1.5 屋盖结构理论分析

1. 屋盖整体结构对局部荷载的敏感性分析

对于大跨度钢结构屋盖而言,结构承载力主要由整体稳定决定,鉴于屋盖结构组成及其空间作用机理较为复杂,需充分考虑屋盖活载不均匀分布对屋盖结构整体稳定性的影响。为此，进行屋盖在各种初始缺陷下的结构整体稳定分析，通过不同的屈曲模态，模拟不同活载分布对屋盖整体稳定性的影响，确定屋盖结构对局部荷载作用的敏感性。

在整体稳定分析中，将屋盖结构不同屈曲模态和重力荷载代表值下的结构变形作为结构初始缺陷，初始缺陷最大值则按照相关规范规定的 $L/300$（L 为最大跨度）确定。

整体稳定分析采用基于 ABAQUS 平台开发的软件，结构分析模型如图 5.12 所示，各种不同初始缺陷下结构整体稳定性分析如下。

图 5.12　钢结构屋盖分析模型

1）线性屈曲分析

线性屈曲分析的荷载工况为"1.0 恒载＋1.0 活载"，前 3 阶整体屈曲模态的屈曲因子如表 5.2 所示。

前 3 阶整体屈曲模态的屈曲因子　　　　表 5.2

屈曲模态	屈曲因子
第 1 阶	29.934
第 2 阶	33.988
第 3 阶	38.553

2）考虑各种不同初始缺陷对结构整体稳定性的影响

根据无初始缺陷、以屈曲模态作为初始缺陷和以重力荷载代表值下的位移模态作为初始缺陷的分析结果，弹塑性全过程分析的荷载因子-位移曲线对比如表 5.3 所示，荷载因子-位移曲线对比如图 5.13 所示。

不同初始缺陷的荷载因子-位移曲线表　　　　表 5.3

缺陷类型	荷载因子
无缺陷	2.72
第 1 阶整体屈曲模态	2.85
第 2 阶整体屈曲模态	2.67
第 3 阶整体屈曲模态	2.67
重力荷载代表值下的位移模态	2.67

由表 5.3 和图 5.13 可知，在四种不同初始缺陷的情况下，荷载因子-位移曲线基本重合，可以得出以下结论：

（1）屋盖结构整体稳定性满足规范要求，且具有良好的承载力。

（2）屋盖结构对初始缺陷不敏感，若用局部荷载作用效应表征结构的初始荷载缺陷，

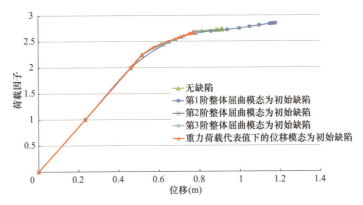

图 5.13 不同初始缺陷的荷载因子-位移曲线对比

则表示屋盖结构对局部荷载作用不敏感，这种结构特性于大跨度结构而言是非常重要的。

（3）屋盖结构整体稳定分析中，既有线性屈曲分析，也有考虑初始缺陷和不考虑初始缺陷的全过程非线性分析，线性屈曲因子（约 30）远大于非线性屈曲因子（约 2.7），这表明结构的非线性效应（P-Δ 效应和弹塑性）明显，其中 P-Δ 效应更加明显，也说明异形长斜柱（柱无支长度约 30m）的二阶效应明显。

2. 屋盖结构的抗倒塌性能

1）为了对屋盖结构（以平面桁架为主的大跨结构）的极限承载力和抗倒塌能力作出评价，采用拆除构件法对屋盖结构进行抗连续倒塌分析，确定其抗倒塌性能。

屋盖管桁架采用相贯节点连接，采用拆除构件法时，考虑到桁架结构的薄弱部位为相贯节点，节点失效导致腹杆失效的概率远大于弦杆失效的概率，为此，进行抗连续倒塌分析时，将框架桁架靠近框架柱处的受拉斜腹杆作为拆除的构件。根据静力弹性分析结果，选择支承大跨度屋盖次桁架、受力最大的垂轨向框架桁架作为研究对象，具体地，选取轴 15 框架桁架 ZZHJ3-1 在轴 C～F 之间（跨度为 68.55m，为该方向最大跨度且受荷面积大）靠近 C 轴支座处的腹杆 FG7（$\phi 273 \times 16$）作为拆除构件，考虑该斜腹杆一端焊缝断裂导致构件失效，以此考察大跨度屋盖结构在支座处腹杆（主要承受较大轴拉力）拆除时屋盖结构的变形和承载力特性。该榀桁架及失效腹杆的平面位置如图 5.14 所示。

2）分析方法：采用 ABAQUS 多尺度非线性有限元分析方法，考虑几何非线性和材料非线性，全过程模拟。

3）多尺度有限元模型

分析中腹杆拆除处附近的构件均采用壳单元（S4R/S3R 单元）模拟，其余构件采用梁单元（B31 单元）进行模拟，两种单元自由度类型不一致，采用常用的动态耦合的方式将两种单元关联节点进行耦合。

4）分析结论

（1）分析表明杆件拆除后的壳模型在绝大部分区域没有屈服，仅有少部分节点应力集中，应力水平较高。

（2）杆件拆除后精细化壳模型附近的杆件模型应力水平较低，均未超过 200MPa，保持弹性状态。

（3）拆除构件弹塑性分析表明：该结构具有良好的抗倒塌能力，采用空间框架结构与

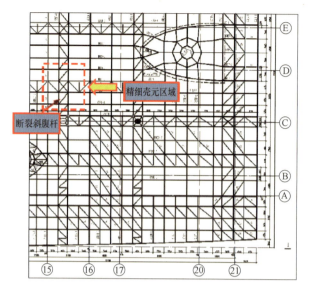

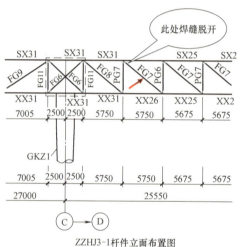

ZZHJ3-1杆件立面布置图

图 5.14 拆除框架桁架腹杆平面及竖向位置

平面桁架相结合的结构布置方法,充分体现了结构受力与建筑采光、建筑形态高度统一的关系,达到结构即建筑的设计理念;同时结构具有很高的抗倒塌能力和极限承载力。

5.1.6 屋盖整体结构试验[5]

为验证屋盖结构整体稳定分析结论,进一步确定屋盖结构的受力特性,对屋盖结构进行竖向加载试验,根据屋盖结构单元布置,屋盖结构试验模型及加载试验情况如下:

1. 选取西侧屋盖结构单元做缩尺模型试验(1:20),模型检测见图 5.15,其屋盖模型实际平面尺寸为 14.241m×6.564m,试验在浙江大学空间试验室完成。采用整体加载和局部加载相结合的 5 种加载模式,见表 5.4。其中第一种为全跨加载外,其余均为局部加载。采用半跨加载和局部加载的原因有二:一是确定斜柱、单层网壳等关键受力构件的承载力和受力特性;二是确定局部荷载对整体结构的受力影响,也就是检验屋盖整体结构对局部荷载作用的敏感性。

图 5.15 屋盖整体模型试验

缩尺模型的加载试验结果与相应的有限元分析结果进行对比，进一步确定屋盖结构的受力特性和承载力。

模型荷载值　　　　　　　　　　　　　表 5.4

试验类别	单级荷载 (kN/m²)	荷载级数 (级)	总荷载 (kN/m²)	加载总值 (t)
全跨加载试验	1.30	3	3.90	37.20
半跨加载试验	1.95	3	5.85	27.9
椭球壳加载试验	5.10	5	20.50	5.40
椭圆柱加载试验	3.00	4	12.00	25.92
格构柱加载试验	3.00	4	12.00	12.96

2. 屋盖结构试验主要结论

1) 所有工况的整个加载过程中，结构处于弹性工作阶段，整体结构具有良好的受力特性。

2) 全跨荷载试验：屋盖管桁架、格构式斜柱的大部分杆件内力以轴向力为主，所受弯矩很小，结构受力合理，能较好地利用杆件截面；单层椭球壳结构长轴方向杆件的轴向应力明显大于弯曲应力，短轴方向杆件弯曲应力明显大于轴向应力；格构式斜柱和变椭圆截面钢斜柱存在双向受弯，受力情况复杂。整体结构具有较好的刚度。

3）半跨荷载试验：各应变测点和位移测点求得的应力和位移均较小，表明大跨度屋盖结构对半跨荷载不具有敏感性。

4）局部加载试验中各测点应力、位移随荷载的变化规律与全跨加载试验基本一致，表明可用局部加载试验来研究各构件在全跨均布荷载作用下的受力特性。

5）单层椭球壳周边支承环梁对网壳的约束与计算假定基本一致，网壳结构具有较好的竖向刚度。

6）椭圆斜柱的平面内弯矩图的反弯点处于柱高度范围内，椭圆柱处于轴压与双向受弯的受力状态，受力情况复杂，柱刚度满足要求。

7）格构柱（即 GKZ4 和 GKZ5）存在双向受弯，且各主要杆件的轴向应力明显大于弯曲应力，格构柱杆件以承受轴向力为主，柱刚度满足要求。

8）有限元分析结果与试验结果总体上吻合良好，有限元模型及结果合理、可靠。

试验不仅验证了屋盖结构具有良好的整体结构承载力和结构刚度；而且验证了屋盖结构对局部荷载不敏感，结论 3）和 4）与屋盖结构整体稳定理论分析结论一致。

5.1.7 复杂节点试验[6]

1. 试验节点

屋盖结构采用相贯焊接节点的钢管桁架结构，部分节点的形式和受力均复杂，现行国内外规范均无法涵盖该类节点，该类节点除进行节点有限元分析外，节点制作和安装工艺对节点承载力也有较大影响，需通过节点试验对节点承载力进行复核和验证。为确保节点试验的全面性和代表性，以关键结构的复杂、重要节点为研究对象，在单层网壳、格构柱和桁架中选择了 7 种有代表性的关键节点，对节点进行足尺或缩尺节点试验。为确定节点加强措施对节点承载力的影响，对其中 3 个节点进行插板对比试验，总计 10 个节点试验。试验节点如图 5.16 所示。

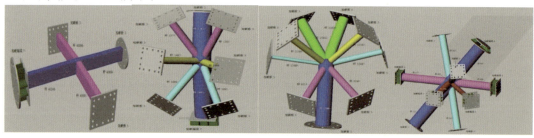

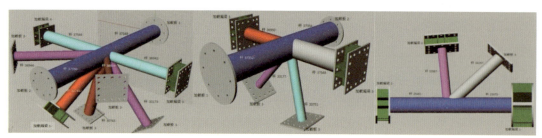

图 5.16 试验节点（共 7 类、10 个节点）

对节点 5、6 和 7 进行插板对比试验。有无插板的试件编号分别为后缀 1 和 2。节点 2 和节点 3 为缩尺试验（几何缩尺比为 1∶2；荷载缩尺比为 1∶4），其余节点均为足尺试验。

2. 节点承载力试验结果

节点试验结果如表 5.5 所示。

节点承载力试验结果　　　　　　　　　　　　　　　表 5.5

节点编号	实际加载/设计荷载	节点破坏形式	备注
节点 1	4.0	杆件及节点区域未见明显变形,尚未破坏	
节点 2	1.75	主弦杆及多根腹杆均出现明显变形,节点破坏	
节点 4	2.0	杆件及节点相贯区未见明显变形,相贯区部分屈服	
节点 5-1	2.0	杆件及节点相贯区未见明显变形,弦杆相贯区部分屈服	
节点 6-1	2.0	杆件及节点相贯区未见明显变形,弦杆相贯区大部分屈服	
节点 6-2	1.7	杆件及节点相贯区未见明显变形,节点基本处于弹性阶段	设备故障
节点 7-1	2.5	杆件及节点相贯区未见明显变形,弦杆相贯区部分屈服	
节点 7-2	2.5	杆件及节点相贯区未见明显变形,弦杆相贯区部分屈服	

3. 节点试验结论

1) 除节点 2 外，节点连接焊缝也均未发生破坏，节点尚可继续承载。节点 2 的试验表明，节点区域弯折主管在受压和受弯共同作用时承载力相对较低，应引起足够重视。

2) 由于节点 6-1、6-2、7-1、7-2 等插板对比试验节点均未加载至节点破坏，无法直观了解插板对节点极限承载能力的影响。但有限元分析结果表明，插板的设置对提高节点的承载能力及刚度均能起到一定作用。

3) 试验结果表明各类节点均具有良好的承载能力及足够的安全储备，因此节点设计安全可靠。

5.2 太原南站"伞"状屋盖结构

5.2.1 主站房概况

1. 铁路太原南站由主站房和站台雨棚组成，总建筑面积为 20.12 万 m^2，主站房体现了"唐风晋韵"的建筑风格，为"线侧＋高架"式站房，其建筑立面见图 5.17。

图 5.17　太原南站全景一点透视

主站房为地上2层（有商业夹层处为3层），地下1层，屋面结构最高标高为35.600m，工程在2012年建成，2014年投入使用。建成后的实景照片见图5.18～图5.21。

图5.18　西侧夜景

图5.19　西侧立面局部

图5.20　候车厅

图5.21　进站广厅

2. 各层功能布置

1）地下一层为出站厅层：主要为东、西侧出站大厅以及配套设施、设备用房。东、西侧出站厅的平面尺寸分别为34.2m×134m（顺轨方向）和54.45m×204m（顺轨方向），东、西侧出站厅由地下通道相连。地面标高为−8.000m，层高为8.000m。

2）一层为承轨层：由线路、站台、基本站台、进站广厅、售票厅、候车厅和办公用房组成。楼面标高为±0.000，层高为10.500m。线路与站台均位于地面；该层结构为位于线侧的地下东、西侧出站厅层的顶板结构（称为线侧结构），其平面尺寸同地下一层。

3）二层为高架候车厅层：由普通候车厅及相关设施用房、办公用房等组成。楼面标高为10.500m，平面尺寸为282.31m（垂直于轨道方向）×112m（顺轨方向）。

4）商业夹层（局部三层）位于站房南、北两侧，平面尺寸均为220.16m（垂直于轨道方向）×18m（顺轨方向）。

5）根据屋盖高低，屋盖可分为三个结构单元：西侧单元的屋面标高为29.800～30.800m；中间屋盖单元的屋面标高为34.600～35.600m；东侧屋盖单元的屋面标高为29.300～30.800，站房垂直于轨道方向（即东、西向）剖面见图5.22。屋盖总水平投影尺寸为372.46m（垂直于轨道方向）×225.912m（顺轨方向）。

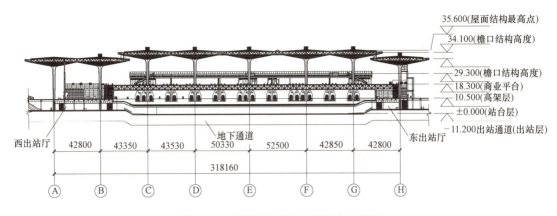

图 5.22 太原南站垂直于轨道方向剖面

站房的抗震设防烈度为 8 度，设计基本加速度为 0.20g，设计分组为第一组，建筑场地类别为Ⅲ类，抗震设防类别：高架候车厅层为乙类建筑，其余为丙类建筑。

5.2.2 屋盖结构

1. 建筑布置

1) 屋盖由多个平面投影尺寸为 36m×42.8m 的单元体组合而成。
2) 每个单元体仅有一根柱，柱截面呈 X 形，柱截面"上大下小"。
3) 在立面上，与柱相交处屋盖结构高度最大、远离柱处屋盖结构高度最小。
4) 与柱截面 X 方向对应方向上设置变宽度的采光带。
5) 屋盖设有吊顶。

建筑效果图见图 5.23。

2. 结构布置

从建筑形态来看，每个屋盖单元类似于"伞"，从整体结构受力考虑，由于柱与柱之间屋盖结构跨中部位和柱顶部位的结构高度分别为 1.3m、6.2m，而作为主要受力构件的主桁架的跨度（柱与柱之间）约为 57m，采用常规的框架桁架结构显然是不合适的。满足建筑形态并符合结构合理受力的结构形式：平面呈 X 形对称悬挑的单侧悬挑桁架结构，每侧桁架高度从 1.3~6.19m 均匀变化，桁架根部结构跨高比为 4.52，结构受力合理、刚度较好。从结构外形上形成"伞"状结构单元。

屋盖单元的主要受力结构由两榀变截面主桁架（ZHJ）与 X 形钢柱构成，桁架方向与 X 形钢柱的肢方向相同；主桁架下弦与 X 形柱刚接连接；次桁架与主桁架相连构成相互支撑的稳定结构体系；在桁架上弦平面和下弦平面内设置钢次梁以支承屋面板及吊顶（兼作钢桁架的侧向支撑），单元平面布置见图 5.24。屋盖采光带沿主桁架上弦杆布置，平面呈 X 形，见图 5.23。布置屋盖次梁和次桁架时，尽可能减小结构对采光的影响。

整体屋盖结构由"伞"状结构单元组合而成，屋盖结构局部布置图见图 5.25，图 5.22 所示为垂直于轨道方向的单元布置情况；在顺轨方向由 6 个"伞"状结构单元组成。屋盖结构选型时将建筑形态与结构受力特点相结合，使结构受力合理、经济；同时满足建筑室内外形态的要求，将两者完美地结合在一起。

图 5.23 屋盖单元采光带布置图

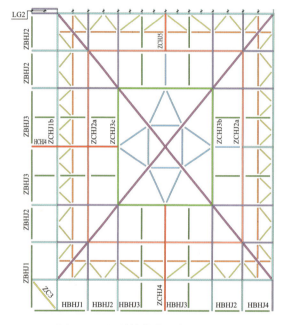

图 5.24 屋盖结构单元布置平面图

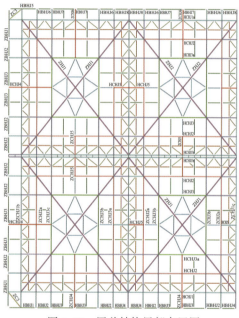

图 5.25 屋盖结构局部布置图

主桁架（ZHJ）根部上下弦杆中心距为 6.19m；而与其他单元相连处（端部）为 1.3m，外侧悬挑长度为 27.964m，见图 5.26。

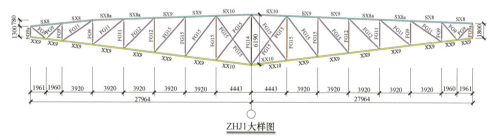

图 5.26 屋盖主桁架（ZHJ1）构件布置

3. 屋盖"伞"单元受力特点及措施

1）竖向荷载作用

作为对称结构，"伞"状结构单元在对称竖向荷载作用下屋盖平面变形对称、构件受力均匀，但在非对称荷载作用下由于屋盖悬挑长度大，屋盖平面竖向变形差异较大，对柱而言，则会产生较大的弯矩。

采取的结构措施：提高主桁架竖向结构刚度，提高X形柱的抗弯承载力，X形柱的肢与主桁架同一平面，柱刚度及承载力均较高。

2) 水平荷载或作用

屋盖需承担和传递的水平荷载或作用为风荷载、地震作用。

3) 屋盖结构布置及措施：

屋盖平面结构单元由主桁架、次桁架、上下弦平面内的钢次梁及沿单元周边布置的水平支撑组成，形成非常稳定的空间结构体系，见图5.25，确保各种荷载或作用下结构单元平面传力直接、可靠。

4) 整体结构布置及特点

(1) 整体结构布置要求

根据单元体布置、受力特点，整体结构布置时应满足以下要求：

整体屋盖结构应具有较好的侧向刚度；

结合建筑形态，提高X形柱的抗弯和抗扭刚度、提高其正截面和抗扭承载力。

(2) 整体屋盖结构布置

如前所述，屋盖平面顺轨向均为6个"伞"单元，为整体结构，不分缝，即沿顺轨向为由6根柱组成的框架结构（框架梁为变截面的桁架）。

在垂直于轨道方向，屋盖面标高可分为三部分，见图5.22。结构布置上则分为两个结构单元，两个结构单元之间设防震缝分开。

西侧站房低屋面为2个"伞"单元（2排柱），该部分屋盖结构与其他屋盖设缝分开，分缝后在该方向形成类似单跨的"框架"结构。

中间部分（5个"伞"单元）和东侧站房低屋面1个"伞"单元为另一屋盖结构单元。鉴于1个"伞"单元屋盖结构在竖向地震、风荷载或活载作用下水平和竖向变形均难以满足设计要求。因此，通过在高低屋盖交界处设置空间钢桁架与中间屋盖连成整体，空间钢桁架的截面宽为3m，高为3.5m，见图5.27。东侧站房高低屋面之间竖向力和水平力通过此桁架传递，协调高低屋面的变形。对比计算表明：连接桁架较明显地减小了低屋面的水平和竖向变形。

屋盖结构主桁架的构件均采用矩形截面；次桁架弦杆采用矩形截面，腹杆采用圆钢管。

4. 结构创新设计

站房屋盖由48个平面投影尺寸为36m×42.8m的"伞"状结构单元组合而成，每个"伞"状结构单元为1根X形变截面钢柱＋沿柱肢方向布置的大跨度悬挑变截面钢桁架，每向悬挑长度为30m，结构形式属国内外首创。为国内站房中将结构的受力特点与建筑形态、建筑采光完美结合的力作之一。屋盖具有良好的经济技术指标，受到社会各界的广泛好评，该建筑已成为太原市的标志性建筑。

5. 屋盖结构复杂节点设计

1) 主桁架与X形柱连接节点

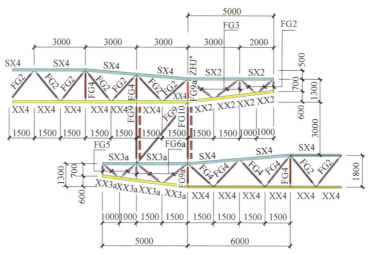

图 5.27 东站房高低屋盖桁架连接图

根据建筑室内装饰要求,屋盖主桁架下弦杆外露并与 X 形柱的箱形肢等宽,形成一整体。主桁架下弦杆截面尺寸为 700×700×30(根部)和 700(500)×700×12;上弦杆截面尺寸为 350×300×16(根部)和 350×300×12(350~250×200×10);根部腹杆为 250×250×10。柱与桁架的连接节点见图 5.28。

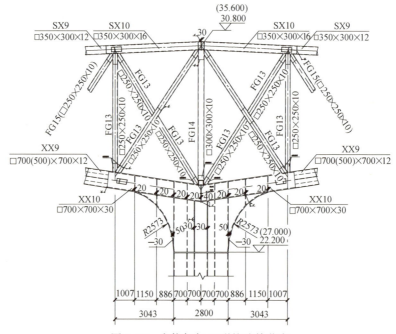

图 5.28 主桁架与 X 形柱连接节点

柱与桁架下弦杆连接部位设置弧形变化的钢牛腿,如图 5.28 所示。牛腿端部区域应力集中,尤其是与下弦杆的下翼缘相交处。为减小牛腿部位的应力集中,在牛腿长度范围内设置多道 20mm 厚的加劲板,以便将桁架端部剪力传至柱内并加强牛腿的竖向刚度。采用 ANSYS 软件对柱顶实体模型进行有限元分析,考虑材料非线性和几何非线性,柱顶部局部模型如图 5.29 所示。

牛腿若采用一次性焊接连接，分析显示：虽然设置加劲板改善了牛腿的受力状态，但牛腿下翼缘端部局部区域内仍出现屈服区域，应力云图见图 5.30。鉴于该区域的重要性，将牛腿分两次焊接，最端部牛腿在结构受力后再焊，基本起装饰作用。调整后的柱应力云图如图 5.31 所示，整个柱处于弹性受力状态。

图 5.29　柱顶部局部模型

图 5.30　牛腿一次性焊接柱应力云图

2) 主桁架与次桁架相交处下弦节点设计与分析

由图 5.24 可见，主桁架平面外两个方向均与次桁架相交，节点处杆件数量多且次桁架弦杆内力较大；下弦杆截面尺寸大，若采用相贯焊节点，则节点区域必须进行加强才能满足节点承载力的要求。

经过多次分析与优化，从有效提高节点承载力和方便施工两方面考虑，节点区域的加强措施如下：

(1) 根据节点各平面上杆件内力大小，节点区域主桁架下弦杆采用不同厚度的板件：上翼缘为 18mm；腹板均为 16mm；下翼缘板为 14mm。

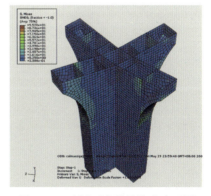

图 5.31　牛腿两次焊接柱应力云图

(2) 节点区域纵向加劲肋设置如下：上翼缘板：300mm×14mm（2 块）；腹板：160mm×12mm（每侧 2 块）；下翼缘板：150mm×12mm（1 块）。见图 5.32 中的 2-2 剖面。

(3) 14mm 厚的横隔板与纵向加劲板焊接连接，布置于次桁架弦杆与主桁架下弦相交处。

由于无法采用规范方法计算节点承载力，采用有限元进行节点应力分析，分析结果如图 5.33 所示。

分析显示，节点区域基本处于弹性阶段，节点承载力满足要求。

3) 四个伞形单元交汇处下弦节点设计

该节点处有 8 根弦杆相交，且不在同一平面内，连接复杂。采用的节点如图 5.34 所示。

连接节点处采用十字形的连接板，相交桁架的弦杆均与此十字板相连，传力直接且焊接方便；竖腹杆则插入连接板，与之焊接连接。该节点传力直接，施工简单。

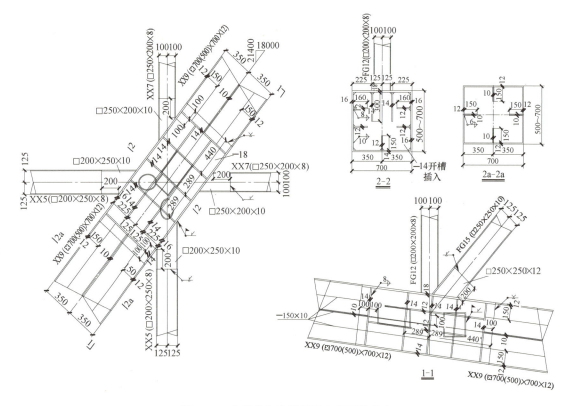

图 5.32 主桁架与次桁架相交处下弦节点

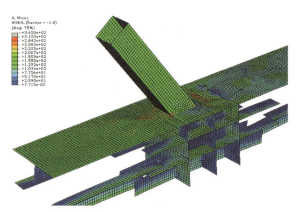

图 5.33 下弦节点内部加劲肋应力图形

6. X 形柱应力分析

与高架层、商业夹层及屋盖结构相连 X 形钢柱受力大，截面复杂，且在高架层结构高度范围内进行部分截面转换，柱截面在高架层以上为沿高度变尺寸 X 形截面，在高架层以下呈矩形，见图 5.35。柱应力分析极为重要。

1. 用 SAP2000 和 ANSYS 分别对结构进行整体弹性分析和有限元弹性分析，找到构件设计的控制工况为 $1.2D+0.98L+0.84W0+1.3T+$，其中 D、L、W0 和 T+ 分别表示恒载、活载、风载和温升荷载工况。

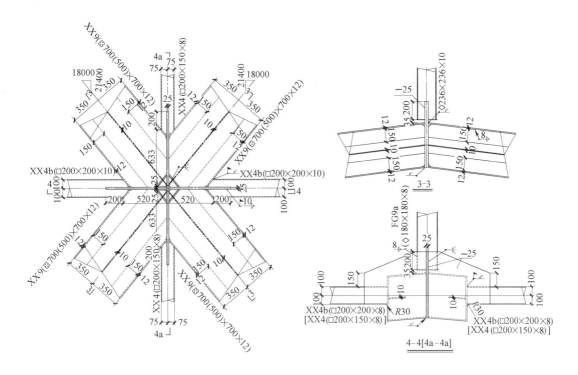

图 5.34 四个伞形单元交汇处下弦节点连接图

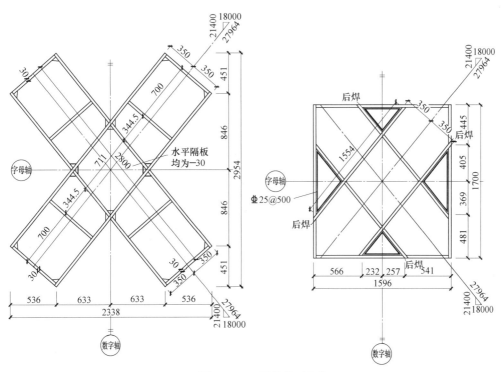

图 5.35 X形柱截面变化

2. 采用该控制工况的内力,用 ABAQUS 对 X 形柱进行整体非线性有限元分析。分析时,考虑几何非线性和材料非线性(采用双线性随动强化模型,考虑材料的包辛格效应),不考虑高架层以下的钢管混凝土柱中的混凝土,将其作为安全储备。主杆件的应力云图见图 5.36,柱高方向各控制截面分析结果见表 5.6。

X 形柱有限元应力分析结果　　　　　　　　　　表 5.6

部位	最大应力(MPa)	
	主杆件	加劲板
商业夹层处	139	57.1
高架层处	200	应力较小
柱截面转换处	220	160
柱底	295	207.1

图 5.36　X 形钢管柱主杆件应力云图

3. 非线性分析结果

1) 柱底部在没有考虑混凝土作用的情况下,屈服范围很小,柱截面基本处于弹性范围内。

2) 与高架层、商业夹层水平构件连接部位,柱杆件整体应力水平较低。

3) 柱截面转换区域应力处于弹性状态,从外侧转换钢板的应力可知,内部加劲肋有效地将上部需转换的板件内力传到了外侧转换钢板上,达到了设计目的。

4) 柱底内部加劲肋处于弹性受力状态,在承受荷载的同时,可以抑制外侧钢板平面外屈曲。

5) 高架层钢桁架与柱连接处弦杆最大应力为 184MPa,斜腹杆、弦杆基本上处于弹性受力状态,与 SAP2000 计算结果较吻合。

第6章

复杂钢结构节点试验

6.1 复杂节点试验的目的

1. 节点形式复杂,无相关节点承载力计算方法,有限元分析结果需加以验证,确定构造措施是否合适、充分。
2. 节点受力复杂且重要,确定节点内力传递路径及破坏模式。
3. 由于拼装工艺的限制,节点焊接与否对节点承载力的影响。

6.2 郑州东站屋盖钢管桁架复杂相贯节点试验及研究[7]

6.2.1 节点形式

选取5类典型节点进行试验(图6.1)。

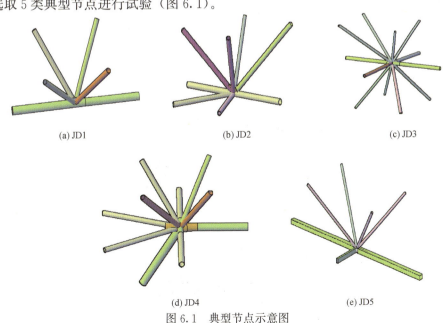

(a) JD1　　(b) JD2　　(c) JD3

(d) JD4　　(e) JD5

图6.1　典型节点示意图

其中

JD01：空间 KK 型节点，加节点板，隐蔽焊缝焊接。

JD02：空间 KKK 型节点，加节点板，中间面层的腹杆插入节点板中并与主管焊接，隐蔽焊缝焊接。

JD03：多维复杂空间节点，中间面加插板，隐蔽焊缝焊接。

JD04：多维复杂空间节点，主管中设置横隔板，次桁架弦杆中加插板，隐蔽焊缝焊接。

JD05：主方支圆节点，节点域附近的主管加厚，并加设横隔板。

6.2.2 节点试验

1. JD01 节点（KK）

试验加载及节点承载力：2.7 倍设计荷载，破坏特征：其中的一根腹杆（FG1）断裂，如图 6.2 所示。

图 6.2 JD01 腹杆 FG1 断裂

2. JD02（KKK）

试验加载及节点承载力：2.7 倍设计荷载，破坏特征：6 根腹杆中的 3 根腹杆屈服，如图 6.3 所示。

图 6.3 FG1、FG6 屈服现象

3. JD03（多维空间节点）

试验加载及节点承载力：加载至 3 倍设计荷载，无杆件进入全截面屈服，无宏观破坏现象，见图 6.4。

图 6.4 节点 JD03 试验

4. 节点 JD04（多维空间节点）

试验加载及节点承载力：加载至 2.6 倍时，2 根腹杆（FG3、FG4）全截面屈服，因加载装置中的滑动支座套筒损坏，试验结束，见图 6.5。

图 6.5　节点 JD04 试验

5. 节点 JD05（主管为方管、支管为圆管）

试验加载及节点承载力：

加载至 2.8 倍设计荷载时，除 1 根腹杆（FG2）全截面屈服外，其余杆件均处于弹性状态，无宏观破坏现象，见图 6.6。

图 6.6　JD05 试验

6. 试验结果

1）所有节点承载力具有一定的安全储备，节点承载力满足规范及设计要求。

2）节点承载力大于杆件承载力，复杂节点的构造满足承载力要求，是适当的。

3）在试验中，复杂节点的隐蔽焊缝均焊接，但在实际工程中，桁架安装过程中，根据安装工艺的要求，部分节点的隐蔽焊缝无法焊接，需考察隐蔽焊缝焊接与否对节点和构件承载力的影响。

6.2.3　节点有限元分析[7]

同济大学陈以一、赵宪忠团队对上述节点采用 ABAQUS6.11 进行节点弹塑性分析，分析中钢管采用 ABAQUS 单元库中的 S4R 三维薄壳单元模拟，单元尺寸根据受力状况确定，在应力集中部位适当加密，确保分析结果的精度；钢材采用随动强化模型，考虑节点的几何非线性，选择有代表性的两个节点的相关分析结果与试验结果进行对比。

FG1 和 FG2 的轴力-变形曲线如图 6.7 所示，节点及杆件应力云图如图 6.8 所示，分析结果与试验结果较为吻合。

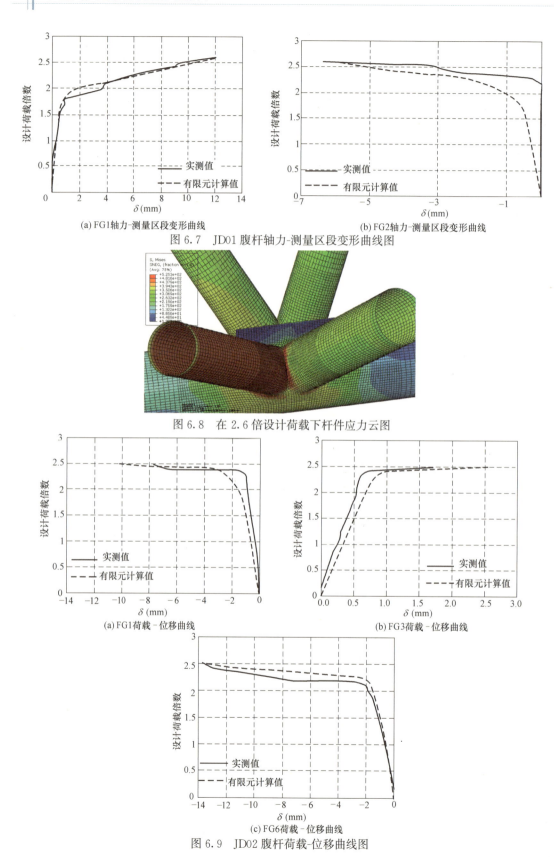

(a) FG1轴力-测量区段变形曲线　　(b) FG2轴力-测量区段变形曲线

图 6.7　JD01 腹杆轴力-测量区段变形曲线图

图 6.8　在 2.6 倍设计荷载下杆件应力云图

(a) FG1荷载-位移曲线　　(b) FG3荷载-位移曲线

(c) FG6荷载-位移曲线

图 6.9　JD02 腹杆荷载-位移曲线图

图 6.10 在 2.8 倍设计荷载下杆件应力云图

FG1、FG3 和 FG6 的轴力-变形曲线如图 6.9 所示,节点及杆件应力云图如图 6.10 所示,分析结果与试验结果吻合良好。

其他节点的有限元分析结果与试验结果吻合良好,在此不再赘述。

上述对比说明,采用有限元软件进行复杂相贯节点分析是可行的。鉴于节点的复杂性以及现有规范无法涵盖等特点,在节点足尺(缩尺)试验受限的情况下,可以采用诸如 ABAQUS 等通用有限元软件,对节点进行材料非线性、几何非线性的弹塑性分析确定节点的承载力。分析时可采用壳单元模拟杆件,只要适当划分单元,节点承载力分析结果能满足设计要求。

6.3 空间 KK 型相贯节点承载力研究[7]

6.3.1 空间 KK 型节点概述

根据节点腹杆搭接情况的不同,空间 KK 型节点可分为 4 种:(1) K 形平面内外腹杆均不搭接(简称 KK-GAP);(2) K 形平面内不搭接平面外搭接(简称 KK-OPOv);(3) K 形平面内搭接平面外不搭接(简称 KK-IPOv);(4) K 形平面内平面外均搭接(简称 KK-Ov),见表 6.1,其中 K 形平面是指组成空间 KK 型节点的单 K 平面,如图 6.11 所示。

节点形式　　　　　　　　　　　　　　　　表 6.1

编号	节点腹杆搭接情况	简称
a	K 形平面内平面外腹杆均不搭接	KK-GAP
b	K 形平面内不搭接平面外搭接	KK-OPOv
c	K 形平面内搭接平面外不搭接	KK-IPOv
d	K 形平面内平面外腹杆均搭接	KK-Ov

6.3.2 空间 KK 型圆钢管节点承载力的试验与有限元分析

同济大学陈以一、赵宪忠团队依据郑州东站的实际情况,通过对近 30 个相贯节点进行节点试验和有限元分析,有关节点的相关分析结论如下:

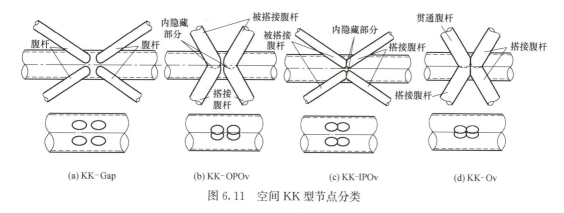

图 6.11 空间 KK 型节点分类

1. KK-OPOv 节点

1）空间 KK-OPOv 型圆管节点破坏模式为弦杆管壁塑性破坏。

2）隐蔽焊缝不焊接对该类节点承载力及破坏模式影响均很小。

3）纵向不贯通插板对该类节点承载力有较大提高，节点破坏模式为弦杆管壁塑性破坏。

4）纵向贯通插板对该类节点承载力有很大提高，节点破坏模式为弦杆固定端的全截面屈服，节点延性降低。

2. KK-IPOv 节点

1）隐蔽焊缝不焊接对该类节点承载力影响很小，可以不焊。

2）横向插板对该类节点承载力影响较小，可以不设。

3）焊脚尺寸及焊缝质量对该类节点承载力影响较大，焊缝应适当加强。

3. KK-Ov 节点

1）隐蔽焊缝不焊接对受压腹杆的传力分布有一定影响，对受拉腹杆影响较小，一般可以不焊，但对于受拉腹杆隐蔽焊缝较长时，宜对该部分隐蔽焊缝予以焊接，受压腹杆隐蔽焊缝不焊。

2）焊缝易出现开裂，焊缝焊接质量应严格满足规范要求，对于夹角大于 120°的区域，焊缝设置坡口，且宜适当加大焊脚尺寸。

3）横向插板对节点承载力影响很小，在对称荷载作用下的该类节点可不设横向插板。

4）纵向不贯通插板对该类节点局部区域有一定的加强，同时可避免面外搭接内隐蔽区，对于受拉腹杆隐蔽区域较大的节点，可设置纵向不贯通插板。

5）纵向贯通插板对该类节点承载力有较大提高，对弦杆加强明显，腹杆传力更均匀，但施工复杂，节点破坏模式为受拉腹杆全截面断裂。

第 7 章

"桥建合一"承轨层结构设计

7.1 "桥建合一"承轨层结构概述

7.1.1 "桥建合一"承轨层结构的主要特点

如前所述,"桥建合一"承轨层结构为铁路桥梁结构和建筑结构的综合体,主要特点为:

1. "桥建合一"承轨层结构直接承受铁路桥梁荷载、传递上部建筑结构荷载,需考虑桥梁荷载动力效应。

2. 不同于一般铁路梁式桥(属于平面结构),"桥建合一"承轨层结构形式为框架结构,需考虑空间作用。

3. 结构设计需同时满足铁路桥梁和建筑结构的相关规范要求,设计方法不同,铁路桥梁采用允许应力法;建筑结构采用极限状态法。由于铁路桥梁设计使用年限为 100 年且可靠度要高于建筑结构,一般"桥建合一"承轨层结构的设计由桥梁结构设计控制。

7.1.2 "桥建合一"承轨层结构的选型

1. "桥建合一"承轨层结构的选型

在近 20 年我国高铁建设中,"桥建合一"承轨层结构的选型主要有以下三种形式:

1) 梁式桥上立柱,如武汉站。
2) 钢骨混凝土柱(型钢柱)+钢骨混凝土梁(型钢梁),在较多的大型高铁站房中得到应用。
3) 钢骨混凝土柱(型钢柱)+预应力混凝土箱形梁,在郑州东站首次应用,目前已在多个大中型车站得到应用,呈推广应用趋势。

2. "桥建合一"承轨层结构特点

上述 3 种类型的结构形式,前两种结构形式虽然承载力高,但存在构件截面尺寸大、工程造价高的缺点;而钢骨混凝土柱(型钢柱)+预应力混凝土箱形梁则通过充分利用预应力筋高强特性,不仅承载力高、耐久性和抗震性能好;而且结构截面尺寸(梁、柱)均小,造价低。

7.2 铁路桥梁结构设计概述

7.2.1 基本规定及标准

1. 铁路桥梁结构的设计基准期和设计使用年限均为 100 年。
2. 铁路桥梁荷载

铁路桥梁结构的荷载分类及名称如表 7.1 所示。

桥涵荷载 表 7.1

荷载分类		荷载名称	荷载分类	荷载名称
主力	恒载	结构自重	附加力	制动力或牵引力
		预加力		风力
		混凝土收缩徐变		流水压力
		土压力		冰压力
		静水压力及水浮力		温度作用
		基础变位		冻胀力
	活载	列车竖向静活载	特殊荷载	列车脱轨荷载
		公路活载		船筏撞击力
		列车竖向动力作用		汽车撞击力
		长钢轨纵向水平力（伸缩力和挠曲力）		施工荷载
		离心力		地震力
		横向摇摆力		断轨力
		活载土压力		
		人行道荷载		

7.2.2 钢筋混凝土桥梁结构设计

1. 设计方法：允许应力法
2. 允许应力法中的几个应力指标

1) 混凝土轴心抗压和抗拉极限强度 f_c 和 f_{ct} 与《混凝土结构设计规范》中 f_{ck} 和 f_{tk} 的关系如下：$f_c = f_{ck}$；$f_{ct} = 1.1 f_{tk}$。

2) 混凝土和钢筋的容许应力如表 7.2、表 7.3 所示。

混凝土的容许应力 表 7.2

序号	应力种类	符号	容许应力
1	中心受压	$[\sigma_c]$	$f_c/2.5$
2	弯曲受压和偏心受压	$[\sigma_b]$	$f_c/2$
3	有箍筋和斜筋时的主拉应力	$[\sigma_{tp-1}]$	$0.9 f_{ct} = f_{tk}$

续表

序号	应力种类	符号	容许应力
4	无箍筋和斜筋时的主拉应力	$[\sigma_{tp-2}]$	$f_{ct}/3$
5	梁中全部由混凝土承担的主拉应力	$[\sigma_{tp-3}]$	$f_{ct}/6$
6	纯剪应力	$[\tau_c]$	$f_{ct}/2$
7	钢筋与混凝土之间的粘结力	$[c]$	$f_{ct}/2.4$

钢筋的容许应力 $[\sigma_s]$ 表 7.3

序号	钢筋	荷载工况	容许应力(MPa)
1	Q235	主力	130
2	Q235	主力+附加力	160
3	HRB335	主力(母材及纵向加工的闪光对焊)	180
4	HRB335	主力+附加力(纵向加工的闪光对焊)	230
5	HRB335	主力(未经纵向加工的闪光对焊)	140～180
6	HRB335	主力+附加力(未经纵向加工的闪光对焊)	182～230
7	Q235	架桥机架梁时的应力	176
8	HRB335	架桥机架梁时的应力	253

3. 计算强度时,不考虑混凝土受拉(主拉应力检算除外)。

4. 计算变形时,刚度取 $0.8E_cI$,计算静定结构的 I 时,不计混凝土受拉区、计入钢筋;超静定结构,计全截面混凝土,但不计钢筋。

7.2.3 预应力混凝土桥梁结构设计

1. 预应力混凝土桥梁采用综合的单一安全系数进行强度检算,相关的安全系数如表 7.4 所示。

现场施工的预应力混凝土结构采用设计安全系数   表 7.4

安全系数类别		符号	安全系数		
			主力	主+附	安装荷载
强度安全系数	纵向钢筋达到抗拉计算强度、受压混凝土达到抗压极限强度	K	2.2	1.98	1.8
	非预应力箍筋达到计算强度	K_1	1.98	1.76	1.5
	混凝土主拉应力达到抗拉极限强度	K_2	2.2	1.98	1.8
抗裂安全系数		K_f	1.2	1.2	1.2

2. 应检算各阶段的抗裂性、应力、裂缝宽度和变形。

3. 预应力度 $\lambda \geqslant 0.7$,$\lambda = \sigma_c/\sigma$,其中:

σ 为运营荷载（不包括预加力）引起的构件控制截面受拉边缘的应力；

σ_c 为由有效预加力引起的构件控制截面受拉边缘的预压应力。

4. 刚度要求见表 7.5。

桥梁变形主要限值　　　　　　　　　表 7.5

序号	变形	限值
1	列车竖向静活载+0.5 温度作用、0.63 列车竖向静活载+温度作用	$L/1800$
2	列车竖向静活载相邻梁端竖向转角之和、梁端竖向转角	0.004rad、0.002rad
3	列车横向摇摆力、离心力、风力和温度作用下梁水平挠度	$L/4000$
4	列车 ZK 活载、横向摇摆力、离心力、风力和温度作用下墩顶横向水平位移引起的梁端水平折角	0.001rad

注：L 为桥梁的跨度。

5. 高铁桥梁应按实际运营客车通过时的车桥耦合动力响应分析，确定以下参数是否满足要求：

1) 脱轨系数；2) 轮重竖向减载率；3) 车体横向、竖向振动加速度；4) 桥面板竖向振动舒适度等参数。

7.3　郑州东站轨道层桥梁结构设计

7.3.1　郑州东站概述

铁路郑州东站为国内铁路枢纽站房，由主站房和站台雨棚组成，总建筑面积为 40 万 m^2，其建筑立面如图 7.1 所示。

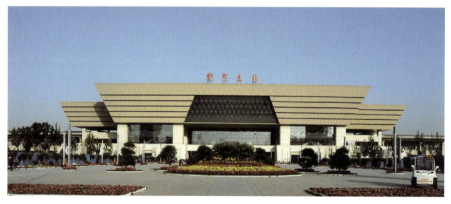

图 7.1　郑州东站正立面（西侧）

主站房为地上 3 层（有商业夹层处为 4 层）。

1. 首层为出站通道、售票厅、设备和商业用房以及停车场，为地面层。地面标高为 ±0.000m，顶面标高为 10.250m，层高为 10.25m，在线侧（注：线侧是指站房平面中除轨道和站台平面以外的区域）局部区域设置小夹层，其楼面标高为 5.000m，主要为办公用房。

2. 二层为承轨层,由线路、站台和线侧的基本站台、候车厅组成,楼面标高为10.250m。其顶面标高为20.250m,层高为10.0m。

3. 三层为候车厅层,楼面标高为20.250m,其屋面标高为44.250～52.050m。

4. 四层为商业夹层,平面呈U形,夹层楼面标高为30.450m。

站房中高架层最大平面尺寸:顺轨方向为239.8m,垂直于轨道方向为490.7m。

主站房中有国铁和地铁结构,地铁结构位于国铁出站层以下,沿垂直于国铁轨道方向布置。地铁与站房结构和国铁结构完全脱开,见图7.2。

基础采用钻孔灌注后压浆桩,桥梁结构的桩径为1000mm和1200mm,线侧站房结构的桩径则为800mm和1000mm。

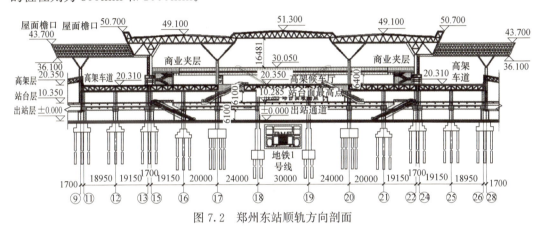

图 7.2 郑州东站顺轨方向剖面

主站房主体结构采用双向框架结构,为全高架桥建合一站房结构(无地下室),站房的抗震设防烈度为7度,设计基本加速度为$0.15g$,设计分组为第一组,建筑场地类别为Ⅲ类,抗震设防类别为乙类建筑。

7.3.2 "桥建合一"承轨层(桥梁)结构设计[8]

1. "桥建合一"承轨层结构布置特点

1) 为减小桥梁的结构高度和桥墩(柱)的截面尺寸,增加出站层的净空高度和使用面积,主站房中承轨层以上站房的结构柱在站场范围内与承轨层柱重合,且承轨层采用双向刚接框架结构(空间结构),形成"桥建合一"的站房结构。框架式桥梁结构与一般桥梁结构的主要区别如下:

(1) "桥建合一"承轨层桥梁结构为空间结构;而一般的桥梁结构为梁桥平面结构。

(2) 一般桥梁结构对于横桥向(垂轨向)的相互作用考虑不多,主要侧重于跨度方向(顺轨方向)的荷载与作用;而"桥建合一"承轨层结构则必须考虑空间作用。

2) 铁路桥梁规范和建筑结构规范差别很大,见前面的介绍。

2. "桥建合一"承轨层结构设计特点

1) 合理的结构选型,确保结构受力直接、合理,在确保安全的前提下,满足使用功能对结构尺寸和刚度的要求;

2) 具有良好的经济技术指标和适用性;

3) 结构的分析设计既要符合建筑结构的规范要求,同时又要符合铁路桥梁规范的要求；

4）结构具有良好的抗震性能，确保罕遇地震（大震）下结构不屈服；

5）垂轨向具有足够的刚度，使结构在地震、风等水平荷载（作用）下结构侧向变形满足规范的要求；同时，应控制该方向平面尺寸，降低结构的温度作用效应和变形。

3. 控制站台结构垂直轨道方向变形的方法

作为在两个方向均为超长无缝的框架桥梁结构，见图7.3，温度作用产生的结构变形较大，需减小该方向无缝结构单元的长度；根据结构抗震要求，结构在该方向应有足够的刚度和较大的平面尺寸，控制地震作用下结构的侧向变形。根据计算结果和桥梁规范关于侧向变形的要求，并结合站场布置，在垂直轨道方向设置防震缝，将承轨层分为五个结构单元，见图7.3。

(1) 轴C~E区域，平面尺寸54m×235.9m；(2) 轴F~H区域，平面尺寸49.65m×235.9m；(3) 轴J~M区域，平面尺寸71.15m×235.9m；(4) 轴N~Q区域，平面尺寸54.8m×235.9m；(5) 轴S~V区域，平面尺寸70.5m×235.9m。即在垂直于轨道方向，基本上2跨或3跨为1个结构单元，而在顺轨方向，轴15~22为一个结构单元。站房范围内顺轨方向柱距为19.1m+20m+24m+30m+24m+20m+19.1m，而垂直于轨道方向柱距为14.8~22m，其平面布置图和典型结构单元分别如图7.3、图7.4所示。

4. 承轨层桥梁结构体系

1）结构选型

在大型站房类似的"桥建合一"承轨层结构中，采用双向框架结构的结构体系时，采用钢骨柱（或钢管混凝土柱）+钢骨梁结构较多，该结构的优缺点如下：

优点：(1) 与上部钢结构连接简单（上部钢结构一般采用钢管混凝土柱+钢桁架结构）；(2) 钢骨梁承载力高、抗震性能好。

缺点：(1) 钢骨梁截面尺寸较大，对出站层净空影响较大；(2) 工程造价较高、钢骨梁施工难度较大。

2）郑州东站承轨层结构选型

经过多轮结构方案比较，结合站台建筑布置特点，最终采用"钢骨混凝土柱+双向预应力混凝土箱形框架梁+现浇混凝土板"结构体系，系"桥建合一"站房中首次采用，该结构体系有以下特点：

(1) 钢骨混凝土柱与双向预应力混凝土箱形框架梁的梁柱节点为类似井式双梁节点的新型节点，见图7.5、图7.6。箱形截面框架梁截面均为3.1m×2.0m，其中：两个肋梁截面均为0.8m×2.0m，中间空腔宽度为1.5m，与上部柱截面同宽，上下翼缘板厚分别为0.5m和0.4m，见图7.7、图7.8。肋梁中的纵筋（包括预应力筋和非预应力筋）不穿越柱中钢骨，方便施工，确保梁柱节点的施工质量。

(2) 顺轨向柱距为20m、24m和30m，垂直轨道方向柱距为21.5m，双向框架梁截面均为3.1m×2.0m（肋梁截面为0.8m×2.0m），梁下净空高度（即出站层净空高度）为6.1m，有效地提高了出站厅层的净空，达到预期目的。

(3) 在距柱边3m范围内的框架梁采用截面为3.1m×2.0m的矩形梁，以提高框架梁在梁端区域的抗剪能力，梁柱节点具有良好的抗震性能。其余部位采用箱形框架梁，箱形梁自重较轻，具有良好的抗弯、抗剪和抗扭能力。

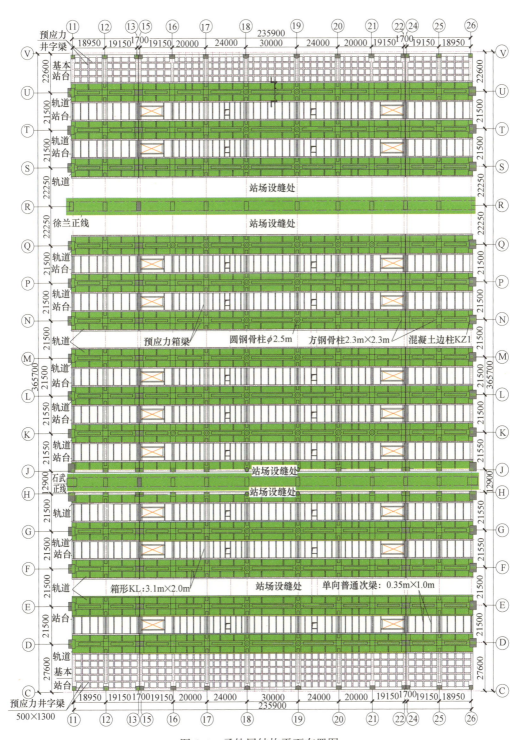

图 7.3 承轨层结构平面布置图

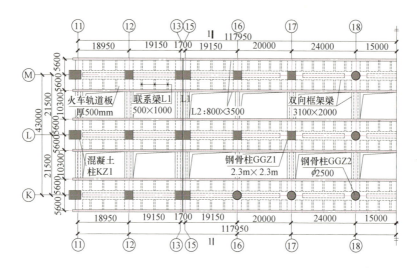

图 7.4 承轨层双向框架桥梁结构布置典型单元

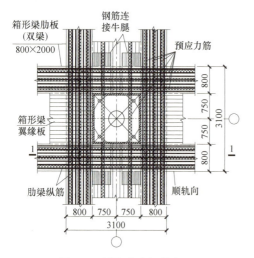

图 7.5 梁柱节点钢筋布置

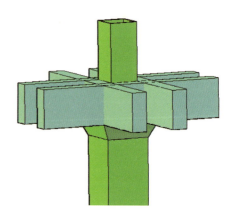

图 7.6 梁柱节点模型

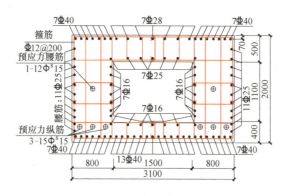

图 7.7 箱梁截面

(4) 利用桥梁结构布置特点,沿轨道边设置上翻的预应力混凝土次梁 L2(兼起挡渣作用),梁截面为 0.8m×3.5m,如图 7.9、图 7.10 所示。L2 将站台荷载及部分桥梁荷载直接传至跨度相对较小的垂直于轨道方向的框架梁上,减小跨度较大的顺轨向框架梁所承担的竖向荷载,使双向框架梁具有相同的梁高,这是减小承轨层梁高至关重要的一点。

图 7.8 箱梁施工照片

(5) 柱截面大部分为 2.3m×2.3m,而框架梁梁宽为 3.1m,为确保梁端剪力传递的直接性,在梁底设置柱帽,柱帽宽度同梁宽,见图 7.11、图 7.12。

(6) 站台采用普通混凝土梁板结构,混凝土梁支承于梁 L2 上,如图 7.9、图 7.10 所示。次梁数量少,且在站台采用一层梁板结构,较大地减小了结构自重,不仅降低了站场结构本身的造价,而且也降低了基础造价。

图 7.9 结构布置轴测图

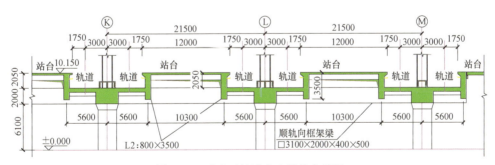

图 7.10 垂直于轨道方向结构布置图

(7) 作为"桥建合一"结构,站场层上部的高架层采用"钢管混凝土柱+钢桁架结构",为了方便上、下层柱连接和内力的传递,站场层的框架柱采用钢骨混凝土柱,截面尺寸为 2.3m×2.3m 或 φ2.5m,如图 7.11、图 7.12 所示,减小了柱在出站层中所占的空间。

(8) 承轨层结构除了框架梁和顺轨次梁 L2 采用预应力梁外,其余均为普通钢筋混凝土结构,有利于加快施工进度。

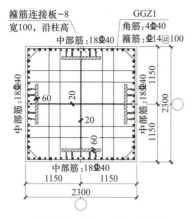
图 7.11 方形钢骨柱截面

图 7.12 柱帽施工照片

(9) 站台采用现浇混凝土梁板结构,承轨层在垂直于轨道方向楼盖整体刚度较好,有利于水平力的传递。

(10) 与钢骨梁比,预应力混凝土梁可以减小裂缝宽度,提供结构的耐久性;预应力梁具有较好的抗疲劳性能。

建成后的承轨层框架局部如图 7.13、图 7.14 所示。

图 7.13 桥梁结构与高架层柱连接

图 7.14 承轨层框架结构

7.3.3 承轨层设计中的关键技术

1. 预应力框架梁抗疲劳性能和抗震性能

1) 问题的提出

(1) 铁路桥梁规范的要求

① 对于铁路预应力混凝土梁,由于承受较大的疲劳荷载作用,为保证梁的抗疲劳性能,预应力混凝土梁的预应力度 $\lambda \geqslant 0.7$。

② 预应力筋采用 $f_{ptk}=1860\text{MPa}$ 低松弛钢绞线,在运营荷载作用下,预应力筋最大应力 $0.6f_{ptk}$,且钢绞线应力幅值 $[\Delta\sigma]<140\text{MPa}$,以满足疲劳强度的要求。

(2) 根据《建筑抗震设计规范》,承轨层框架梁抗震等级一级,要求预应力度 $\lambda \leqslant 0.6$,以满足框架结构延性设计(梁端塑性铰)的要求。

作为"桥建合一"承轨层结构，该层框架梁需同时满足铁路规范及建筑结构规范的上述要求，但上述要求相互矛盾。

2）解决方法

（1）承轨层预应力混凝土梁的预应力钢筋的布置按照预应力度 $\lambda=0.7$ 控制。

（2）在不满足建筑结构抗震构造的情况下，承轨层结构按《铁路工程抗震设计规范》中抗震设防类别 B 确定地震作用，小震下提高系数为 1.4（新规范为 1.5），提高承轨层框架结构的抗震性能。

（3）进行站房结构抗震性能化设计，在罕遇地震作用下，承轨层框架柱基本弹性、框架梁正截面抗弯不屈服、抗剪弹性。

2. 钢骨柱设计与检算

1）存在的问题

在普通桥梁结构中，一般不采用钢骨桥墩，规范中也没有按允许应力法进行强度检算的公式。而预应力混凝土梁＋钢骨柱桥梁结构，是一种新型桥梁结构，整体结构构件的分析与设计应配套。混凝土梁结构采用允许应力法设计，那么钢骨柱也应采用允许应力法检算。

2）解决方法

参照日本建筑学会的《钢骨钢筋混凝土结构计算标准》，推导出相应的双向压弯构件的允许应力法计算公式。

3. 铁路桥梁结构抗震设计

1）一般桥梁结构抗震设计验算内容

由于结构体系差异较大，与建筑结构相比，一般桥梁抗震计算内容与方法与建筑结构的抗震计算存在较大差异，如表 7.6 所示。

桥梁抗震设计验算内容　　表 7.6

结构形式	多遇地震	设计地震	罕遇地震
重要桥梁	墩身及基础：强度、偏心及稳定性验算	连接构造	钢筋混凝土桥墩：按非线性时程反应分析法进行下部结构延性验算或最大位移验算

2）铁路桥梁地震动参数

工程抗震设计规范中关于水平地震基本加速度取值、场地类别、特征周期等取值与《建筑抗震设计规范》一致。

3）重要铁路桥梁桥墩的多遇水平地震作用

对于重要桥梁，在桥墩抗震设计中，多遇地震的水平基本加速度乘以 1.4（新规范为1.5）的重要性系数。

4）"桥建合一"承轨层桥梁结构抗震计算

（1）按振型分解反应谱法进行多遇地震作用下的地震内力计算，并作为建筑的底层结构，除按一级框架进行地震内力调整外，按桥梁规范的要求，将地震内力乘以重要性系数 1.4。

（2）进行结构抗震性能化设计，重点为罕遇地震作用下的弹塑性时程分析。

5）站房不同楼层之间防震缝位置不同对结构抗震的影响，主要通过小震分塔（分块）分析计算和大震弹塑性时程分析加以确定。

4. 列车动荷载对结构的动力作用效应

包括不同股道之间列车动荷载对结构的影响，通过荷载组合予以考虑，同时，通过结构健康监测予以验证。

5. 温度作用

承轨层温度作用取值按桥梁规范及建筑结构荷载规范确定，为降低温度作用在承轨层和站房结构中的作用效应，根据站房结构柱底约束情况，考虑桩、土共同作用，将桩作为杆单元建入模型中，根据规范计算桩底刚度，使柱底的水平约束刚度大为减小。

郑州东站的分析对比表明，与柱底嵌固相比，考虑弹性约束的承轨层最外侧柱底弯矩降低37%，水平剪力降低76%，经济效益非常明显。

7.3.4 郑州东站承轨层桥梁结构荷载及组合

1. 荷载

桥梁结构的设计基准期和设计使用年限均为100年，承轨层结构荷载及组合按铁路桥梁相关规范确定。主要荷载如下：

1）恒载（主力）：结构自重及附加设备重；混凝土收缩与徐变作用；基础变位作用；预应力荷载。

混凝土收缩与徐变作用，鉴于结构设置施工后浇带，按分段灌注考虑，相当于降温10℃；基础变位根据桩基变形情况，按5mm计。

2）活载（主力）：竖向静活载（机车车辆的设计活载）；列车竖向动力作用；长钢轨纵向水平力；横向摇摆力；承轨层人群荷载。

（1）竖向静活载：采用ZK活载，到发线的每个车场最多考虑一对列车进站、出站，即每个车场考虑两线动载，其余按照有无静活载作用进行最不利荷载组合。

（2）伸缩力：纵向阻力取70N/cm；

（3）挠曲力：轨面无载时，纵向阻力取70N/cm；轨面有载时，机车下纵向阻力取110N/cm。

（4）横向摇摆力取为100kN，作为一个集中荷载取最不利位置，以水平方向垂直线路中心线作用于钢轨顶面。

（5）承轨层人群荷载5kN/m²（基本站台则按消防车荷载考虑）。

3）附加力：制动力或牵引力；风荷载；温度作用。

（1）制动力或牵引力：按列车竖向静荷载的10%计。

（2）风荷载：考虑列车运行风荷载对桥梁结构的影响。

（3）温度作用：郑州地区一月份平均气温为－2℃，七月份平均气温为26℃，考虑合拢温度为10～22℃，整体升降温分别为＋20℃和－24℃，由于结构基本处于室内环境，不均匀温度不予考虑。

4）特殊荷载：地震作用；长钢轨断轨力（110N/cm）；消防车荷载：按基本站台采用。

2. 荷载组合

荷载组合中荷载工况如表7.7所示。

荷载工况 表7.7

恒载	(1)	结构自重、预应力、收缩徐变
	(2)	基础变位
活载	(3)	ZK双线活载（静）
	(4)	ZK双线活载（动）
	(5)	人群荷载
	(6)	横向摇摆力
	(7)	长钢轨伸缩力
	(8)	长钢轨挠曲力
附加力	(9)	风力
	(10)	整体升温
	(11)	整体降温
	(12)	制动力或牵引力
特殊荷载	(13)	地震作用
	(14)	长钢轨断轨力
	(15)	消防车荷载

荷载组合按桥梁规范执行，采用桥上无缝线路纵向力组合原则：
同一根钢轨的伸缩力、挠曲力、断轨力相互独立，不作叠加；
伸缩力、挠曲力、断轨力不与同线的离心力、牵引力或制动力等组合。
伸缩力、挠曲力按主力考虑，断轨力按特殊荷载考虑。
设计控制工况为：恒载+动活载+人群荷载+降温。

7.3.5 承轨层位移计算结果

承轨层桥梁结构位移计算结果见表7.8。

承轨层桥梁结构位移主要计算结果 表7.8

	最大竖向挠度(mm)		最大竖向挠跨比		最大水平挠度(mm)		最大水平挠跨比	
	$L=24m$	$L=30m$	$L=24m$	$L=30m$	$L=24m$	$L=30m$	$L=24m$	$L=30m$
计算值	10.3	16.2	1/2330	1/1852	1.8	2.4	1/13333	1/12500
规范限值	13.3	20	1/1800	1/1500	6	7.5	1/4000	1/4000

注：表中所示为位移包络值。

柱顶顺桥向最大弹性水平位移为14mm<27.4mm（规范限值），计算结果均满足桥梁规范的要求。

7.3.6 结构抗震设计

1. 振型分解反应谱法抗震计算（多遇地震）

主站房在多遇地震作用下进行抗震计算时，承轨层以上的站房结构按建筑抗震设计规范的要求采用 7 度（0.15g）进行计算；鉴于承轨层桥梁结构为"桥建合一"站房中的桥梁结构，将其作为重要桥梁结构加以考虑，根据桥梁抗震规范的规定，在多遇地震作用下，地震作用乘以重要性系数 1.4，相当于加大了结构的地震作用，承轨层桥梁结构按铁路桥梁规范进行抗震设计与计算。

由于主站房结构中承轨层以上基本为钢结构，阻尼比为 0.02；承轨层结构主要为预应力混凝土结构，阻尼比为 0.03。抗震计算时按楼层结构类型分别选用不同的阻尼比。

2. 主站房多遇地震作用下计算结果

主站房在多遇地震作用下的计算结果见表 7.9 和表 7.10，其中顺轨向为 X 方向，垂直于轨道方向为 Y 方向。

地震作用下主站房侧向变形　　　　　　　　　　　　表 7.9

楼层		最大弹性层间位移角	最大位移与层平均位移比最大值	最大层间位移与平均层间位移比最大值
承轨层（标高 10.250m）	X 方向	1/7600	1.13	1.31
	Y 方向	1/7350	1.35	1.12
高架层（标高 20.250m）	X 方向	1/2450	1.31	1.37
	Y 方向	1/2405	1.15	1.35
屋面	X 方向	1/482	1.26	1.32
	Y 方向	1/443	1.34	1.25

主站房基底剪力系数（即剪重比）　　　　　　　　　表 7.10

		剪力(kN)	重力荷载代表值(kN)	剪力系数
基底处	X 方向	272815	6499894	0.042
	Y 方向	316775	6499894	0.049

3. 承轨层结构抗震性能化设计

1）结构抗震性能目标

综合考虑站房结构的重要性、结构布置的规则性和结构承载力，站房整体结构抗震性能目标确定为"C"，承轨层结构的性能目标高于"B"，处于 A～B 之间。在罕遇地震作用下，承轨层结构满足以下性能：

（1）柱构件：承轨层以下钢筋混凝土柱及钢骨混凝土柱基本保持弹性。

（2）框架梁正截面承载力不屈服，但截面大部分处于弹性状态、抗剪弹性。

2）弹塑性时程分析主要结果

根据中国地震局地球物理勘探中心与郑州基础工程勘察研究院提供的《郑州东站站房工程场地地震安全性评价工作报告》，采用 ANSYS12.0 对郑州东站结构进行弹塑性时程分析。在分析中考虑材料非线性和几何非线性，混凝土采用弹塑性多线性等向强化模型；钢材采用双线性随动强化模型。分析结论如下：

（1）结构整体指标满足设计要求。结构整体上保持完整，无过大位移响应，最大层间位移角（最大为 1/122，位于屋盖层的顺轨方向）满足性能目标 C 的要求（1/62.5）。

（2）承轨层及以下的钢筋混凝土梁未发生屈服。站房中所有结构柱，均未出现塑性铰，承轨层结构柱基本为弹性。少量发生屈服的柱，均只是边缘材料屈服，整个截面大部分材料并未屈服，其截面仍具有足够的强度和刚度，不会形成塑性铰。

7.3.7 承轨层楼盖竖向舒适度

竖向舒适度采用 ISO 2631-1：1997/ISO 2631-2：2003 中的竖向加速度峰值评价法，相关的评价指标和结果如下：

根据 ISO 2631-1：1997/ISO 2631-2：2003，评价采用楼板竖向加速度峰值，承轨层指标为 0.50m/s^2，经分析，控制工况如下：

工况一：结构自重及附加设备重、承轨层和候车厅人群荷载（其中二期活载系数为 0.5）+19、20、21、22 股道承受移动（列车速度 80km/h）的列车荷载；

工况二：结构自重及附加设备重、承轨层和候车厅人群荷载（其中二期活载系数为 0.5）+19、20、27、28 股道承受移动（列车速度 80km/h）的列车荷载。

上述两工况下楼盖竖向加速度峰值计算结果如表 7.11 所示。

各层楼盖竖向加速度峰值 表 7.11

荷载工况	承轨层(m/s^2)	候车层(m/s^2)	商业夹层(m/s^2)
工况一	0.0902	−0.0454	−0.0098
工况二	−0.0958	0.0449	0.0268

计算结果均小于评价指标，初步判定楼盖竖向舒适度满足设计要求。

7.3.8 经济技术指标

合理的结构体系加上适当的结构措施，不仅使 30m 跨的铁路桥梁的梁高仅为 2m，较大幅度地提高了出站层的净空高度，柱截面也控制在 2.3m×2.3m，承轨层的经济技术指标在国内同类站房中名列前茅，比同类型站房钢管混凝土柱+钢骨梁结构节约造价约 20%，具体经济技术指标见表 7.12。

郑州东站承轨层结构经济技术指标 表 7.12

梁高(m)	柱截面(m)	楼盖混凝土折算厚度(m)	混凝土用量(m^3)	普通钢筋用量(kg/m^2)	预应力筋用量(kg/m^2)
2.0	2.3×2.3 (ϕ2.5)	0.882	71975	184	23

第 8 章

结构健康监测

8.1 健康监测内容的目标

对结构的安全性与功能性进行评价与预警；对荷载的长期效益以及结构的老化、病变进行定期的综合性诊断；建立结构的健康档案，为建筑的日常运行与维护提供可靠依据；通过监控中心再现结构的当前受力状态，向管理者提供相关信息。

8.2 郑州东站承轨层健康监测[9]

郑州东站健康监测由南京理工大学、中南建筑设计院等单位联合完成，历时近 3 年。

8.2.1 监测内容

选取的结构单元上的关键位置，安装光纤光栅应变/温度传感器，构建一个可以动态获得结构应变/温度状态的传感网络。主要的检测内容和方法如下：

1. 列车动荷载作用对结构动态影响分析：在高铁列车进、出站过程中，结构受列车动荷载作用发生变形，监测承轨层梁关键截面上应变，确定结构在列车动载作用下的受力特性和变形状态。

2. 通过监测不同轨道上列车同时进、出站过程中结构关键部分的应变变化，获得各种受力模式的结构动态效应，分析列车移动荷载作用对结构的影响。

3. 考虑温度变化对结构影响分析，选取无列车运营和停靠的时段，监测结构关键部位在无外荷载作用条件下的应变和温度数据，分析季节性温度变化对结构的影响。

8.2.2 监测部位及检测方式

鉴于承轨层沿垂直于轨道方向均为每隔 2 跨或 3 跨设置防震缝，结构单元也为 2 跨或 3 跨，如轴 F～H 之间即为一个结构单元，经过综合考虑，确定监测部位位于轴 17～19 和轴 F～H 之间，该区域顺轨向柱距为 24m、30m，属于跨度最大的区域，相应来说，也是梁受力最大的区域，如图 8.1 所示。对应的站台轨道编号为 5、6、7、8、9（5 股道），见图 8.2。

承轨层梁结构监测原件是由布设在轨道梁结构关键位置上的光纤光栅应变传感器组成，图 8.3 为纵向梁和横向梁的传感器布设方式，一共选择 32 个关键截面（图 8.1），每个截面 3 只光纤光栅应变传感器，另有 4 只光纤光栅温度传感器作为温度补偿使用。

如图 8.1 所示，主要在 G 轴线的主次梁上布置传感器，并命名为 A、B、C、D 线。A、B 为次梁上的传感器所在线，C、D 为主梁上的传感器所在线。各线上的截面编号及轨道号已在图中标出。

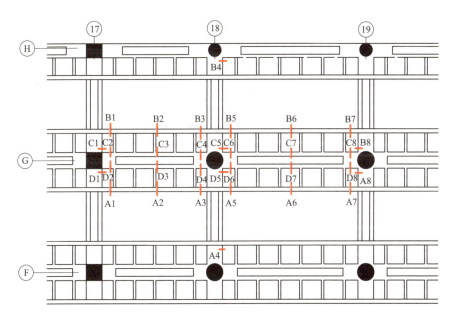

图 8.1　传感器平面布置图

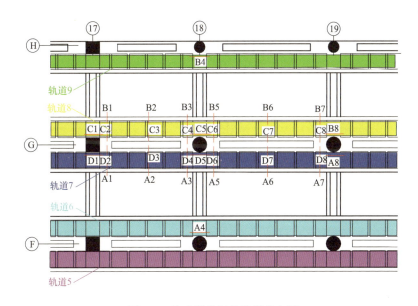

图 8.2　传感器位置及轨道分布图

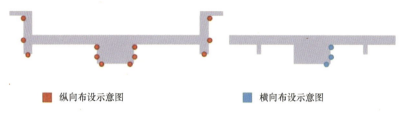

■ 纵向布设示意图　　　　　■ 横向布设示意图

图 8.3　光纤光栅传感器位置布设示意图

图中黑色圆块或方块均是桥柱，其间有梁连接，红色短细线表示传感器布设的位置。每个截面按照设计尺寸（截面上、中、下）布置 3 个传感器。

传感器埋设在主、次梁的跨中与支座位置，这样有利于进行主梁与次梁数据的对比以及跨中与支座数据的对比。每一个截面布置上、中、下三个传感器，以便了解一个截面从上到下的应变变化情况及此截面的弯矩。

如前所述，轴 F～H 之间为独立的结构单元，其他区域轨道上的列车荷载对本结构单元几乎无任何影响，因而，列车动荷载对结构的影响的组合如下：单模 5、单模 6、单模 7、单模 8、单模 9、双模 57、双模 58、双模 68、双模 79 共九种模式。监测时间和荷载模式见表 8.1。

监测的荷载模式　　　　　　　　　　　表 8.1

日期	荷载模式								
	5	6	7	8	9	57	58	68	79
2012-10			√	√				√	
2013-01	√			√	√	√	√	√	√
2013-04	√		√			√	√	√	
2013-08		√	√	√	√				
2013-10		√	√						√

注：单模 5 表示只有轨道 5 上有列车经过，双模 57 表示只有轨道 5 和轨道 7 上有列车经过，其他模式表示的含义以此类推。各个模式的示意图如图 8.4～图 8.12 所示。

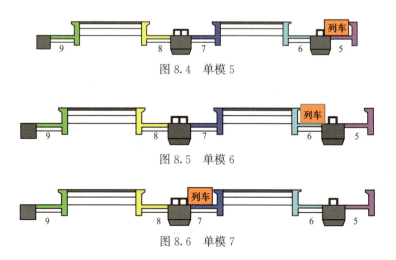

图 8.4　单模 5

图 8.5　单模 6

图 8.6　单模 7

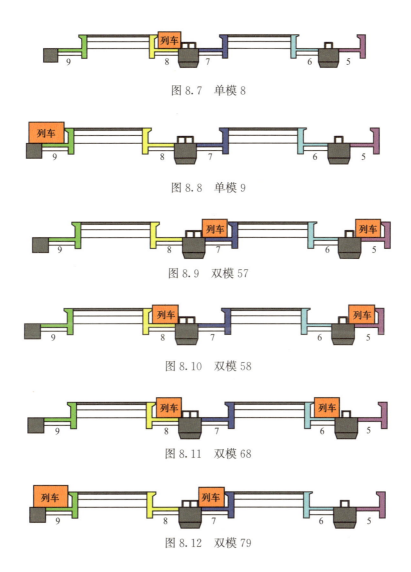

图 8.7 单模 8

图 8.8 单模 9

图 8.9 双模 57

图 8.10 双模 58

图 8.11 双模 68

图 8.12 双模 79

8.2.3 截面应变曲线

通过监测各截面上各测点在列车进出站过程中应变的周期变化，考察截面应力分布及变化，从而得到相应的截面内力。

1. 以跨度为 30m 的轴 G 交轴 18、19 次梁跨中截面 B6 的三只传感器为例，根据在列车进站和出站过程中所测量得到的应变数据，进行对比分析。

B6s 是位于轴 G 交轴 18、19 次梁跨中截面 B6 上部的一只传感器，图 8.13 是该传感器在火车进站和出站过程中测量得到的应变曲线，历时 850s。

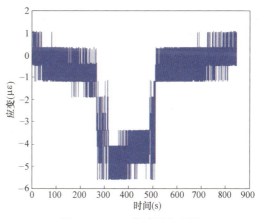

图 8.13 B6s 传感器应变图

列车250s左右进站，然后停靠站台，到500s左右列车开出站台。列车进站过程中，传感器监测得到该监测部位出现了5με的压缩；列车出站过程中，传感器监测得到该监测部位出现了5个με的拉伸。列车进站过程和出站过程有明显的对称关系。同样其他位置传感器也有类似规律，故在分析时仅选择列车进站过程。

对图8.13进站过程进行局部放大（250~330s），见图8.14。从图8.14中可以清晰地看到列车进站过程中传感器的周期性变化。火车荷载是分布式的移动荷载，那么作用在B6截面的荷载就必然存在最大值和最小值，此处的应变就存在最大值和最小值。而火车荷载以一定速度缓慢进站，那么此荷载在移动的过程中就必然导致截面B6上部和下部应变出现周期性变化过程，所以此处的应变就会在波峰波谷之间来回波动，并且处于连续变化状态。而每个周期内最大值和最小值主要由每节车厢及乘客重量决定。随着列车停靠站台速度不断减缓，周期性变化过程中周期不断变大。接近320s时刻，列车停靠站台。

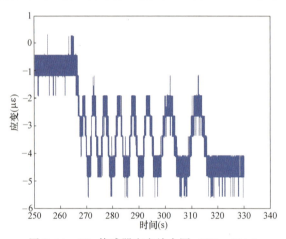

图8.14 B6s传感器应变放大图（250~330s）

图8.15是该截面下部的一只传感器B6x测量到的应变数据。

显然传感器监测到的B6x与B6s应变数据有明显的对称关系。同样将列车进站过程进一步放大，可以得到传感器数据的局部应变放大图，见图8.16。

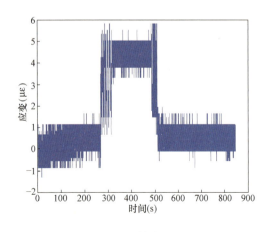

图8.15 B6x传感器应变图

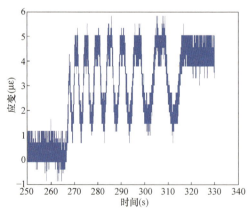

图8.16 B6x传感器应变放大图（250~330s）

可以清晰地看到列车进站过程中传感器应变数据的周期性变化，传感器监测得到该监测部位出现了 5με 的拉伸。随着列车停靠站台速度不断减缓，周期性变化过程中周期不断变大。接近 320s 时刻，列车停靠站台。B6x 与 B6s 有明显的对称关系。B6z（接近截面中心部位）传感器应变图如图 8.17 所示。

与该截面的上、下两只传感器（B6s 与 B6x）不同，B6z 传感器布置接近截面中间，监测到的应变图没有明显变化，说明该位置靠近中和轴位置。同样对列车进站过程段进行放大，见图 8.18。

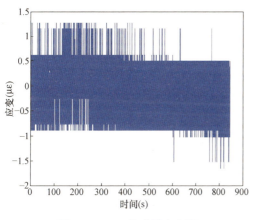

图 8.17　B6z 传感器应变图

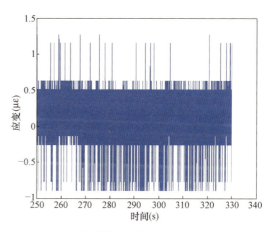

图 8.18　B6z 传感器应变放大图（250 秒至 330 秒）

根据以上的应变图和截面的抗弯刚度，可以得到监测截面 B6 的弯矩图（呈周期性变化）如图 8.19 所示。

B6 截面在跨中位置，监测到的弯矩图可以看到，列车进站过程，截面 B6 承受正弯矩，最大弯矩约为 50kN·m。列车停靠在站台，截面弯矩基本没有变化；列车开出站台，截面弯矩基本恢复到列车未进站时的状态，即截面受力处于弹性状态。

同样对列车进站过程放大后，可以得到周期性变化的弯矩图，见图 8.20。

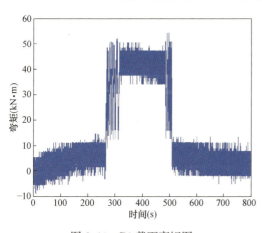

图 8.19　B6 截面弯矩图

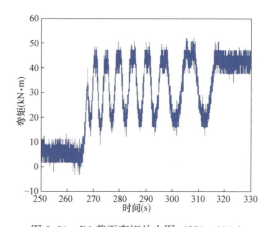

图 8.20　B6 截面弯矩放大图（250～330s）

2. 从列车荷载作用下，B6 截面沿截面高度方向应变可以看出：

1) 对于梁的每个截面，列车荷载作用效应具有明显的周期性；

2) 由于监测时段列车运营满载可能性较高，监测结果具有一定的包络性，列车荷载作用下，梁关键截面处于弹性受力阶段。

8.2.4 单轨道列车荷载作用下的截面受力状态

单模 7 和单模 8 列车荷载作用下，相应梁的关键截面应变和截面弯矩如表 8.2 所示。

单模荷载作用下梁关键截面应变和截面弯矩　　　　　表 8.2

荷载模式	截面	截面应变($\mu\varepsilon$)			截面弯矩 (kN·m)	备注
		上	下	中		
单模 7	A2(跨中)	−5	5	0	35	
	A7(支座)	11	−2	接近 0	−55	
单模 8	B6(跨中)	−4	4	0	28	
	B3(支座)	13	−4	接近 0	−65	

从单模的监测结果可以得到以下结论：

1. 顺轨向次梁在列车荷载作用下，跨中截面为正弯矩，支座截面为负弯矩，在列车进站过程中，弯矩图与应变图一样呈现周期性变化。

2. 次梁截面为 800mm×3500mm，截面刚度大，跨板对截面的应变影响相对较小，因而跨中截面上下应变较为对称；在支座处，由于与垂直于轨道方向框架梁连接，受力状态相对复杂，截面中和轴下移，使得截面下部的应变相对偏小。

3. 梁截面受力处于弹性状态。

4. 列车进站过程对结构影响不大。

8.2.5 双轨道列车荷载作用下的截面受力状态

双模 79 列车荷载作用下，梁关键截面应变和截面弯矩如表 8.3 所示。

双模荷载作用下梁关键截面应变和截面弯矩　　　　　表 8.3

荷载模式	截面	截面应变($\mu\varepsilon$)			截面弯矩 (kN·m)	备注
		上	下	中		
双模 79	A2(跨中)	−5	5	0	70	
	A1(支座)	1	−10	接近 0	−80	

注：轨道 9 列车 180s 进站；轨道 7 列车 400s 进站；轨道 9 列车 500s 左右出站；轨道 7 列车 730s 出站。

双模列车荷载作用下梁受力状态与单模类似。

8.2.6 单模列车荷载对主次梁对应截面应力的影响

单模 7 和单模 8 列车荷载作用下，主次梁关键截面应变和截面弯矩如表 8.4 所示。

8.2.7 双模列车荷载对主次梁对应截面应力的影响

双模 79 列车荷载作用下，主次梁关键截面应变和截面弯矩如表 8.5 所示。

单模荷载作用下主次梁关键截面应变和截面弯矩　　　　　　　表 8.4

荷载模式	截面	截面应变($\mu\varepsilon$)			截面弯矩(kN·m)	备注
		上	下	中		
单模 7	D3(主梁)	−4	4	0	60	跨中
	A2(次梁)	−5	5	0	60	跨中
单模 8	D7(主梁)	−3	4	0	35	跨中
	B6(次梁)	4	−4	0	28	跨中

双模荷载作用下主次梁关键截面应变和截面弯矩　　　　　　　表 8.5

荷载模式	截面	截面应变($\mu\varepsilon$)			截面弯矩(kN·m)	备注
		上	下	中		
双模 79	D3(主梁)	−4	4	0	50	
	A2(次梁)	−6	6	接近 0	70	

列车荷载对主次梁对应截面应力的影响如下：

1. 在列车荷载作用下，主次梁截面应变呈周期性变化。
2. 对应主次梁截面变化类似，大小也基本一致，主次梁受力较均匀。

8.2.8　相邻轨道的影响

通过对单模轨道 5、6、9 及双模轨道 57、59、68、79 作用下 G 轴上截面应变检测，相邻轨道间列车荷载影响不大。

8.2.9　有限元分析结果

1. 分析软件：ABAQUS。
2. 荷载工况：模拟上述检测所用的荷载模式，列车荷载模拟为轨道板上的面荷载，通过划分轨道板单元和加载时程曲线，模拟列车荷载的水平移动，考虑轨道为有砟轨道且为到发线，列车速度低，不考虑列车动力作用。
3. 结论：两者结果较为接近。

8.2.10　温度作用监测

季节性温度的变化对结构变形影响较大。而有限元模型中未能模拟季节性温度变化对结构的影响，因此只通过监测数据进行分析。在 2013 年 1 月份，温度较低，结构产生压缩变形，最大截面有 300$\mu\varepsilon$，而在 2013 年 8 月份，温度较高，结构产生拉伸变形，最大截面有 100$\mu\varepsilon$。

8.2.11　承轨层楼盖梁应变监测结论

1. 单模和双模列车荷载作用下的相关结论如下：
1) 列车荷载作用下，梁截面应变沿截面高度方向呈线性变化，应变满足平截面假定，最大应变不大于 15$\mu\varepsilon$，处于弹性状态。

2）应变变化周期随列车的速度而变化。

3）跨中截面中和轴接近截面形心，支座截面中和轴偏向截面下部。

4）跨中截面产生的弯矩为正值，支座截面产生的弯矩为负值。

5）同一断面处主梁截面和次梁截面应变及弯矩变化类似，大小也基本一致，说明荷载往两个方向传递效果较好。截面整体应变变化仅几个微应变，列车荷载对结构影响很小。

6）在间隔的不同轨道之间列车荷载对梁应力的相互影响较小。

相邻轨道间列车荷载相互影响均不大，主要原因如下：承轨层楼盖结构布置特点使列车荷载全部由顺轨向的框架梁及次梁 L2（800mm×3500mm）承担，框架梁荷载直接传给框架柱，而次梁虽然支承于垂轨向框架梁上，但支承点距柱中心不到该方向梁跨度的 1/4，即靠近柱，同时，垂轨向框架梁在该区段的截面为 3100mm×2000mm 的预应力混凝土梁，刚度极大，对 L2 而言，该段梁作用类似于牛腿，直接将 L2 传来的力传至框架柱；而垂轨向跨中则为预应力箱形截面，刚度小于支座处，从而对列车荷载而言，垂轨向框架梁的空间作用相对较弱，减小了列车荷载在该方向的传递。

7）列车进出站过程，截面应变及弯矩图呈明显的周期性变化，而周期性变化中最大值接近列车停靠站台时的数值，该变化由列车车轮移动位置导致，列车荷载的动力效应并不明显。

动力效应不明显的原因：

（1）到发线列车进出站过程最大车速基本不超过 50km/h，车速较慢，且为减速过程，因此荷载动力响应不明显。

（2）郑州东站轨道层的站场结构采用有砟轨道，有一定的减振效应。

2. 运营阶段季节性温度作用效应远大于列车荷载效应。

3. 郑州东站轨道梁结构具有较好的结构性能，安全、可靠。

8.3　杭州东站健康监测[10]

杭州东站结构健康监测由浙江大学、中南建筑设计院、浙江省建工集团等单位共同完成，从施工阶段至运营阶段，历时 8 年，是所有高铁站房中监测时间最长、监测内容最全面的健康监测。部分测点从施工阶段一直至运营阶段。

8.3.1　健康监测的内容

1. 对站房结构关键部位的应力进行监测，掌握结构的应力变化状态，分析结构应力与荷载及使用状态的相关性。

2. 对温度伸缩缝处的位移进行监测，掌握结构在温度效应作用下的变形特性，分析结构变形与环境荷载的相关性。

3. 对结构关键部位的加速度进行监测，掌握该部位的振动情况，分析不同外界激励下钢结构的振动特性。

4. 对候车厅的振动加速度进行监测，掌握其振动情况，分析火车通行和人行荷载与候车厅的相互作用，评价旅客舒适度。

5. 对站房屋面的风速、风向进行监测,掌握建筑所处的风场环境。

6. 对结构关键部位的温度进行监测,掌握结构所处的温度环境,为分析温度对结构的影响提供原始数据。

8.3.2 应力应变(含温度)测点布置

杭州东站具有大平面、屋盖为新型的"下小上大异形变截面超长斜格构柱和斜钢管柱+双向矩形大跨度拱形钢管桁架和单层网壳组合的巨型复杂大面积空间框架结构",结构受力复杂;楼盖钢结构跨度和应力均大,是应力应变监测的主要对象。

1. 屋盖主桁架测点

屋盖结构由沿轨道方向的横向主桁架及与之垂直方向的纵向主桁架组成,主桁架间距较大(最小、最大间距分别为 68.55m、111m),因此在屋盖上跨度较大的桁架的跨中部位布置应力应变测点,如图 8.21 所示。每处的上、下弦杆的上、下表面各布置一个应变传感器,即每处布置 4 个传感器。

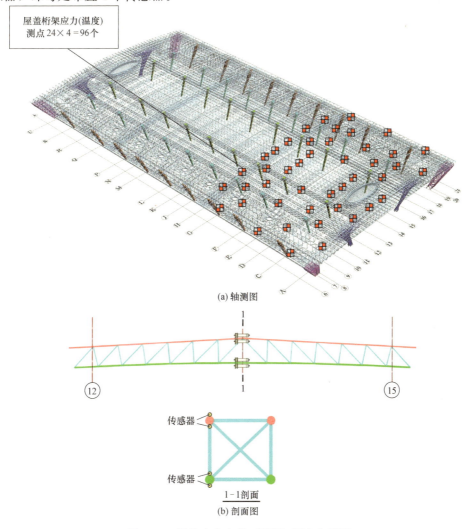

图 8.21 屋盖应力应变(温度)测点布置图

2. 变椭圆截面斜柱柱脚测点

变椭圆截面斜柱是支承整个屋盖结构的主要构件，截面沿高度方向下小上大，根据计算分析结果，柱子承受双向弯矩作用，柱脚处弯矩很大，因此在变椭圆截面斜柱的柱脚布置应力应变测点。测点主要布置于 A 轴与 G 轴之间，如图 8.22 所示。

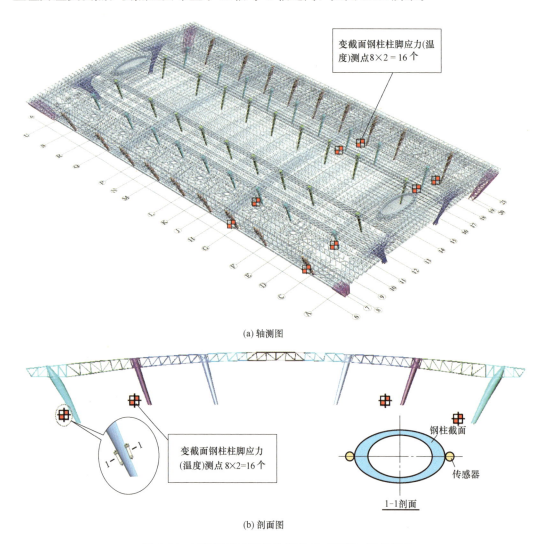

图 8.22 变椭圆截面斜柱柱脚应变（温度）测点布置

3. 变椭圆截面斜柱与夹层钢梁交接处测点

部分变椭圆截面斜柱与商业夹层相连，在夹层钢梁与斜柱的交接处，柱子弯矩特别大，整个椭圆柱的最大应力出现于此，因此在椭圆柱与夹层钢梁交接处布置测点，如图 8.23 所示。

4. 格构柱测点

东西两端的 8 个巨型钢管格构式斜柱是整个屋盖结构的关键支承结构，柱脚、柱顶以及拐角复杂节点等部位的应力分布十分复杂，因此在格构柱的柱脚、柱顶和中部分别布置测点，监测关键受力构件以及复杂节点的应力，布置如图 8.24 所示。

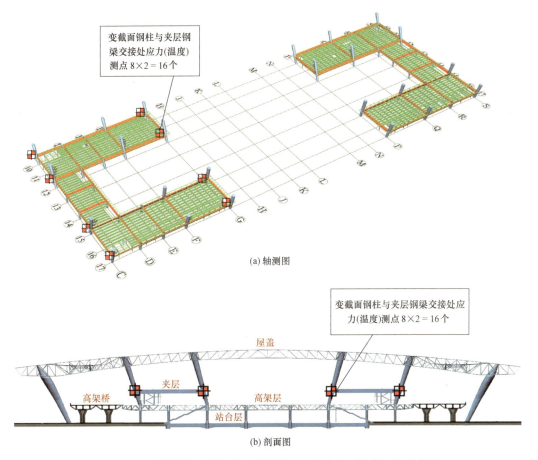

图 8.23 变椭圆截面斜柱与夹层钢梁交接处应变（温度）测点布置

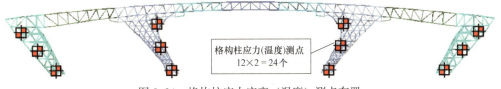

图 8.24 格构柱应力应变（温度）测点布置

5. 巨型柱外表皮测点

东西两端的 8 个巨型钢管格构式斜柱外包双曲面外表皮，是本工程的主要建筑特色和亮点之一。拟在其中 2 个巨型柱曲面变化显著的外表皮内侧位置布置 12 个测点以掌握其在温度变化情况下的应力应变。

8.3.3 位移测点布置

本工程屋盖体系东西向长度极大，考虑温度变化可能带来的结构变形，在屋盖中设置了两处变形缝。为了更进一步地掌握温度对结构整体变形的影响，在分缝处设置变形测点，监测变形缝的宽度变化。变形测点设置于屋盖变形缝内，每条变形缝内各设置 5 个变形测点,沿变形缝全长均匀布置,如图 8.25 所示。另在幕墙桁架顶部对应位置设 5 个变形测点。

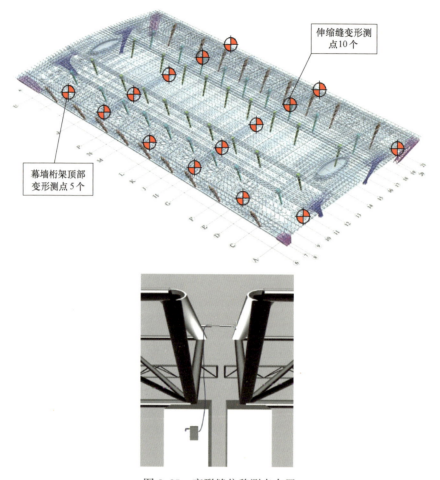

图 8.25 变形缝位移测点布置

8.3.4 结构振动加速度测点布置

通过对屋盖结构关键部位的振动加速度进行实时监测,实时掌握该部位的振动情况,分析不同外界激励下钢结构的振动特性;通过对高架层、商业夹层的振动加速度进行实时监测,实时掌握其振动情况,分析火车通行与候车厅的相互作用,为评价旅客舒适度提供依据。

1. 屋盖测点

屋盖加速度测点均布置于屋盖下弦杆上以及鱼眼下弦层的中间区域(图 8.26)。总体布置如图 8.27 所示。

2. 高架层测点

高架层为旅客候车层,对楼盖竖向刚度和竖向舒适度的要求较高。高架层楼盖结构的最大柱距为 46.55m,桁架上下弦中心距为 2.8m;此外在站房东、西区域还设有消防车道,桁架跨度为 27m 左右,桁架上下弦中心距为 2.65m。由于跨度大、荷载大,其舒适

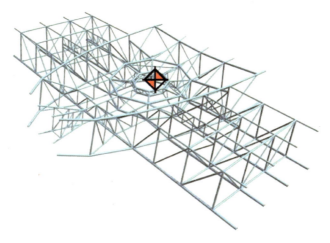

图 8.26　布置于鱼眼下弦层的加速度测点

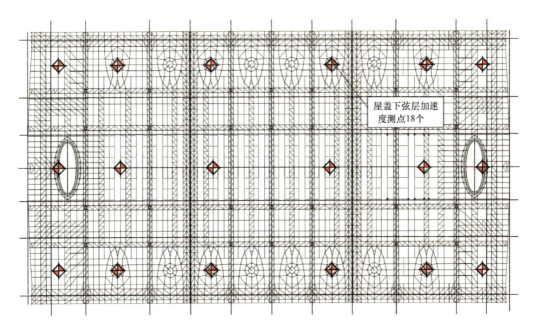

图 8.27　屋盖下弦杆加速度测点布置

度能否满足要求特别值得关注。

高架层加速度测点均布置于其桁架梁下部,选取其跨中部位,图 8.28 所示为高架层典型桁架的加速度测点布置部位示意;总体布置见图 8.29。

3. 商业夹层测点

商业夹层的最大柱网尺寸达 46.55m×38.262m,为减小结构高度,夹层楼盖结构采用实腹钢梁(或蜂窝梁)双向井字梁楼盖。梁最大跨高比为 25∶1,因此对商业夹层楼盖的振动加速度进行监测十分重要。

商业夹层加速度测点均布置于钢梁的下翼缘,选取其跨中部位,总体布置见图 8.30。

图 8.28　高架层典型桁架加速度测点布置部位示意

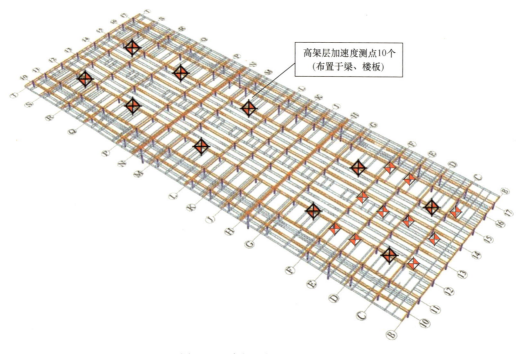

图 8.29　高架层加速度测点布置

8.3.5　屋面风荷载测点布置

对站房屋面的风速、风向进行实时监测，实时掌握建筑所处的风场环境，获取建筑物风环境的第一手资料，并了解结构的实际风效应，了解结构及屋面围护体系的实际风荷载，有助于对强风后的结构形态进行详细的分析和诊断。

风荷载测点考虑对称性，对屋盖进行风场数值模拟，选择风荷载不利位置进行测点布置，风荷载测点总数为 100 个。

此外，在屋面布置 10 个温度传感器，与前述布置于屋盖桁架、变截面椭圆柱的温度传感器（集成于应变传感器）一起，为了解钢结构屋盖表面及其内部的温度分布梯度提供实测数据，如图 8.31 所示。

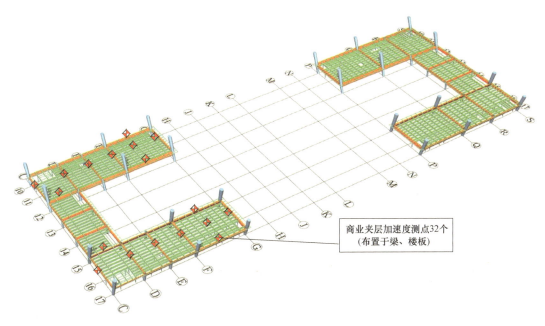

图 8.30 商业夹层加速度测点布置

健康监测测点布置汇总如表 8.6 所示。

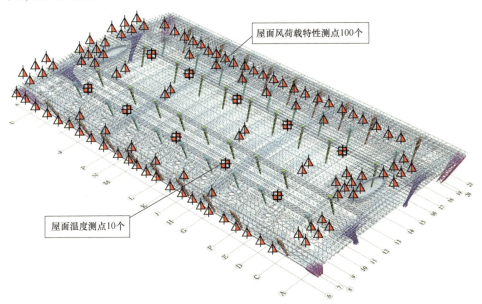

图 8.31 屋面风荷载与温度测点布置

杭州东站健康监测测点汇总 表 8.6

序号	监测项目	测点数量		备注
1	屋面主桁架弦杆应力应变(温度)	96	152	结构主要受力构件的内力、温度变化
	变椭圆截面斜柱应力应变(温度)	32		
	巨型格构斜柱应力应变(温度)	24		

续表

序号	监测项目	测点数量		备注
2	伸缩缝、幕墙桁架变形	15		温差引起的结构变形
3	屋盖振动加速度	18	60	结构振动特性、人群舒适度
	高架层振动加速度（楼板）	10		
	商业夹层振动加速度（楼板）	32		
4	屋面风荷载特性	100	110	实测屋面风压、分析结构体型系数及风振特性
	屋面温度	10		
	合计	337		

8.3.6 健康监测部分结果

1. 杭州东站屋盖结构温度作用

1) 结构设计中屋盖结构温度作用标准值

根据《建筑结构荷载规范》（以下简称《荷载规范》），杭州的基本气温为 -4℃ 和 38℃；而《铁路桥涵设计规范》（以下简称《桥规》）规定，杭州一月和七月平均气温分别为 3℃ 和 28℃，两本规范均采用月平均气温，但《荷载规范》取值为日极值温度的月平均值；《桥规》则采用日平均气温的月平均值，因此，《荷载规范》的气温取值绝对值均大于《桥规》的取值。屋盖钢结构设计中，考虑极端气温的影响，结构最高温和最低温分别取 40℃ 和 -10℃，而结构合拢温度取 10～25℃，结构设计中屋盖结构温度作用的正、负温差标准值分别为 30℃ 和 -35℃。

2) 屋盖结构温度的监测结果

根据 2014 年 11 月至 2017 年 5 月近两年半时间中对屋盖结构关键部位构件的 132 个测点温度时程数据统计，可以得出以下结果：

(1) 结构温度基本上处于 15～30℃，最大温差达到近 15℃。结构的最低温度大于最低基本气温，与极端最低气温相差较大。初步分析如下：

① 杭州东站一直处于运营阶段，屋盖下部为旅客候车厅，冬季的设计采暖温度为 16～18℃，屋盖四周为玻璃幕墙，屋盖结构设有保温层，在冬季与室外大气环境温度相差较大，与高架层的气温较为接近，符合热工原理。

② 规范中的温度取值为 100 年一遇，而相对监测时间较短，达到规范值的概率较低。

但通过监测，可以确定对应于站房结构的运营阶段，钢结构最低结构温度可以适当考虑室内外温差的影响，从而适当降低负温差的标准值。

(2) 温度作用的影响非常显著，结构温度场分布总体冬季比夏季均匀，夜间比日间均匀。

(3) 实测温度变化引起的结构内力变化的理论分析结果与相应监测结果对比表明：两者的误差值在 10% 以内，这表明钢桁架结构按均匀温度考虑计算温度内力是合理、可行的。

(4) 结构不同部位对温度作用的敏感性不同，在温度变化幅度接近的情况下，温度敏感部位与非敏感部位的应力响应曲线在同一段时间监测到的结构温度变化趋势基本一致，最大温差幅度均为 15℃ 左右，温度敏感构件的应力响应变化幅度达到 10MPa，而温度非敏感构件的应力响应变化幅度仅为不到 2MPa，有一定的差异。

2. 杭州东站屋盖风荷载监测

1）经过 13 次的风速风压实测，仅两次出现了较大的风速，风速最大达到 12.19m/s，属于 6 级强风，大部分风速仍为微风级别。

2）风向以东北方向为主，同时大风主要集中于东北方向，其余方向的风速相对较低，风速整体较小，并未出现极端天气情况。

3）屋盖表面风压较小，屋盖表面均承受负压，压力最大值出现在风速最大值，最大负压出现在迎风边缘处，极值负压达到 −100Pa，基本风压为 0.5kPa，根据风洞试验结果，迎风边缘处的风压系数为 0.74，设计风压约为 370Pa，极值风压小于设计风压。因此，风荷载监测结果表明结构目前所受的风荷载在设计风速范围内，并不会对结构造成不利影响。

8.3.7　杭州东站结构健康监测结论

1. 温度作用在结构中引起的应力变化最大。
2. 结构关键构件应力变化较小。
3. 整体结构处于正常工作状态。

参 考 文 献

[1] 周德良. 武汉国际会展中心主楼大跨度钢桁架设计 [J]. 建筑结构，2001，31（8）：25-30.
[2] 周德良，李爱群，等. 长沙南站大跨度候车厅楼盖竖向舒适度分析与检测 [J]. 建筑结构，2011，41（7）：24-30，88.
[3] 郑州东站振动测试报告 [R]. 武汉理工大学，2012.
[4] 钢结构设计规范：GB 50017-2003 [S]. 北京：中国计划出版社，2003.
[5] 杭州火车东站站房工程钢结构模型试验报告 [R]. 浙江大学空间结构研究中心，2012.8.
[6] 杭州火车东站主站房大跨度屋盖结构节点试验 [R]. 浙江大学空间结构研究中心，2012.6.
[7] 郑州东站节点试验研究试验报告之一～四 [R]. 同济大学钢与轻型结构研究室，2015.
[8] 周德良，李霆，等. 郑州东站站房主体结构设计 [J]. 建筑结构，2011，41（7）：50-58，101.
[9] 石武客专郑州东站光纤监测系统研究与应用 [R]. 中南建筑设计院，南京理工大学土木工程系，2015.
[10] 杭州火车东站工程运营阶段监测报告 [R]. 浙江大学空间结构研究中心，2017.6（中间报告）.